Valencak Erzählungen

Hannelore Valencak

Erzählungen

Verlag Kremayr & Scheriau, Wien

© 1973 by Verlag Kremayr & Scheriau, Wien
Schutzumschlag: Frizzi Weidner
Gesamtherstellung: Wiener Verlag, Wien
ISBN 3 218 00238 9

Inhalt

Ein Schiff nach Salva Vita	7
Aller Reichtum der Erde	15
Am Ende der Welt	25
Der zerschmetterte Spiegel	29
Meine Töchter Liane	39
Eine Spielart von Phantasie	53
Morgen ist wieder ein Spiel	61
Ein Brautkleid für Julia	65
Das Nesselhemd	73
Die Geschenke des Herrn	81
Die Suche nach dem Horizont	87
Disteln im Beet	97
Der Schatz im Kachelofen	103
Auf Widerruf	111
Das seltene Leiden der Anna Sturm	119
Ein anderer Morgen	123
Die verweigerte Nachsicht	131
Der blaue Dragoman	141
Umkehr in Çiftehan	159
Zu meinen Erzählungen	171

Ein Schiff nach Salva Vita

Wer den Hafen erreichen will, in dem die Schiffe nach Salva Vita vor Anker liegen, muß ein menschenleeres Bergland mit dichtbewaldeten Tälern durchfahren. Er muß dabei gut ausgerüstet sein und darf keine Strapazen scheuen.
Ein junger Mann und seine Frau waren mit ihrem Auto schon seit Tagen unterwegs. Sie ließen sich auf den schlechten Straßen durchrütteln, hielten die stechende Sonne aus und begnügten sich mit wenigen Stunden Schlaf, um rechtzeitig an das Meer zu gelangen. Wenn die Müdigkeit überhandnahm, trösteten sie einander: »Warte nur, bis wir in Salva Vita sind!«
Was sie brauchten, um jenseits des großen Meeres ein neues, besseres Leben zu beginnen, führten sie mit sich. Alles andere hatten sie zurückgelassen. Für die Fahrt durch die Wildnis hatten sie sich mit Nahrung versorgt, ein leichtes Zelt genügte zum Übernachten, und ein wenig Werkzeug im Kofferraum gab ihnen das beruhigende Gefühl, sich selber helfen zu können, wenn dies notwendig war.
Manchmal führte die Straße lang über weißen Karst, dann tauchte sie wieder in dunstige Niederungen. Wilde Feigen- und Maulbeerhaine waren von zottigem Gestrüpp durchsetzt, Ginster blühte auf steinigen Hügeln, und Grasfluten wogten in jedem Tal. Der Wind roch in den Niederungen nach Geißblatt und auf den Höhen nach Thymian.

Der Mann und die Frau, auf dem Weg zur Küste, nahmen von der Schönheit der Landschaft nichts wahr. Sie waren schläfrig und müde und dachten nur an ihr Ziel. Wenn sie an einen wilden Flußlauf oder an eine Quelle gelangten, tranken sie und füllten frisches Wasser in ihre Kannen. Dann pflückte manchmal die Frau eine Handvoll Beeren und sagte leise: »Wie gern ich ausruhen möchte!«
Er legte den Arm um sie und tröstete sie: »Bald sind wir an Bord, da werden wir ausgiebig schlafen.«
Dann lächelte sie und sagte: »Du hast ja recht. Die Schiffe nach Salva Vita warten nicht.«
Das Unglück geschah am Abend des fünften Tages. Als sie um eine Kehre der Straße bogen, sahen sie, daß mit einem Regenguß eine Mure von den Bergen niedergegangen war, doch sie bemerkten sie nicht früh genug. Ehe der Mann den Wagen anhalten konnte, staken dessen Räder im Morast, fingen an, sich auf der Stelle zu drehen und bohrten sich immer tiefer in den Grund. Kot klatschte an die Fensterscheiben, Schotter prasselte gegen das Bodenblech.
Dann erstarb der Motor und sprang nicht mehr an. Nur der Starter gab jammernde und gequälte Töne von sich. Sie hockten da und starrten einander an. Erst nach einer geraumen Weile stiegen sie aus. Sie stellten sich in den Morast und stemmten sich gegen das Fahrzeug, doch sie konnten es nicht von der Stelle bewegen. Da beschlossen sie, ihr Zelt aufzuschlagen und ihr Mißgeschick einmal gründlich zu überschlafen. Sie streckten sich unter ihren Decken aus und fühlten sich wider Erwarten wohl. Bis zum Mittag des nächsten Tages schliefen sie tief und waren nach ihrem Erwachen voll Zuversicht.
Ihre Lage war nun klar. Es blieb ihnen nichts anderes übrig, als den weiten Weg durch die Wälder zurück-

zufahren und eine andere Straße zur Küste zu suchen. Zuerst aber mußten sie ihren Wagen, der nun noch tiefer eingesunken war, mit den Händen aus der Mure graben, denn einen Spaten hatten sie nicht bei sich. Da sie aber wußten, daß ihr Schiff jetzt schon auf dem Meer war, ließen sie sich Zeit mit der unangenehmen Arbeit. Sie vergeudeten viele Stunden damit, Beeren und wilde Früchte zu sammeln, und genossen geradezu ihre Machtlosigkeit. Dann fingen sie miteinander zu graben an. Bald waren ihre Hände blutig, und ihre Fingernägel brachen, und als sie nach Stunden die Räder freigelegt hatten, versuchten sie wieder erfolglos, den Motor zu starten. Er sprang nicht an, und das Fahrzeug bewegte sich nicht. Das bedeutete, daß sie hier, inmitten der Wälder, auf unbestimmte Zeit gefangen waren.
Sie setzten sich an den Straßenrand, waren schmutzig und müde und aufs neue verzweifelt. Die Frau fragte weinend: »Was sollen wir tun?« Und der Mann erwiderte mürrisch: »Wir müssen warten.«
Tatsächlich gab es keinen anderen Ausweg. Wenn sie Glück hatten, fuhr nach Stunden oder nach Tagen wieder irgend jemand auf dieser Straße zum Meer. Den konnten sie um Hilfe bitten.
Sie hielten eine gründliche Mahlzeit und schliefen wieder viele Stunden lang. Als sie erwachten, war eine zweite Nacht vorbei, und niemand war gekommen. Es war ganz still. Nur die Fliegen surrten in der glutheißen Luft, Fische sprangen schnalzend aus dem Tümpel, und manchmal ertönte ein Vogelschrei aus den Bäumen.
Sie warteten voll Ungeduld einen weiteren Tag und wieder einen. Jetzt, da sie nicht mehr müde waren, genossen sie auch den Zwang zur Ruhe nicht länger. Ihre Hilflosigkeit entlud sich in einem häßlichen Zank,

bei dem jeder dem anderen die Schuld an dem Mißgeschick zuschob.

Um irgend etwas zu tun und nicht immer nur warten zu müssen, erkletterten sie die Mure und schauten umher. Sie sahen eine ungeheure Verwüstung. So weit das Auge reichte, war die Straße mit Steinen, entwurzelten Bäumen und breiiger Erde bedeckt. »Wie leicht könnten wir darunter begraben sein«, meinte die Frau erschauernd. So entdeckten sie in ihrem Unglück ein Quentchen Glück, das sie wieder gelassener und schicksalsergebener machte.

An Stellen, die der Sonne besonders stark ausgesetzt waren, zeigten sich schon Risse im trockenen Schlamm. Das ließ darauf schließen, daß seit dem Bergrutsch schon ein paar Tage verstrichen waren. Sie waren die ersten vor diesem Hindernis. So war tagelang niemand auf dieser Straße gefahren.

Freilich konnte das nicht bedeuten, daß niemals jemand auf dieser Straße fuhr, sonst hätten ja die Samen der Bäume längst auf der Fahrbahn Wurzeln geschlagen und einen Streifen Wald aus ihr gemacht. Einmal würden sie sicher gerettet werden. Sie mußten sich nur gedulden und einfach warten.

So verbrachten sie weiterhin ihre Tage im Zelt oder schliefen, badeten und lagen in der Sonne. Einmal sagte der Mann: »Wir können eigentlich froh sein, daß wir das Schiff versäumt haben. Weißt du, warum? Angeblich ist es ein alter, verwahrloster Kahn. Auf dem nächsten haben wir es sicher bequemer.«

Die Frau gab zögernd zur Antwort: »Das glaube ich auch. Mir ist auch schon einmal so etwas zu Ohren gekommen.«

»Alte Schiffe sinken so leicht«, überlegte der Mann. »Ein kleiner Sturm genügt oft, um ihnen ein Leck zu schlagen.«

»Dann hätte die Mure unser Leben gerettet«, sagte die Frau und atmete auf.

Doch als eine Woche verstrich und niemand kam, fiel ihre Zuversicht wieder in sich zusammen. Sie hockten stundenlang am Straßenrand und starrten in die Richtung, aus der sie Hilfe erhofften. Ihre Vorräte schwanden bald, so daß sie nun ihre Zeit mit dem Sammeln von Beeren und Pilzen verbringen mußten. Sie badeten nur noch, um sich zu reinigen, statt, wie am Anfang, zum Zeitvertreib.

Nach ein paar Monaten sorgten sie sich, wie es sein würde, wenn der Winter kam. Und obwohl sie nicht aufgehört hatten, auf Rettung zu hoffen, dörrten sie Pilze und wildes Obst und sammelten einen Vorrat an Nüssen und Edelkastanien. Da sie sich in südlichen Breiten befanden, hatten sie keine tödliche Kälte zu befürchten. Ihr Zelt und ein Feuer würden sie notdürftig wärmen.

Dann kam die kühle, regnerische Zeit. Sie lagen den ganzen Tag auf den feuchten Decken, dämmerten vor sich hin oder weinten miteinander.

»Wenn nur endlich jemand käme und uns rettete«, klagte die Frau. »Wie gut hätten wir es jetzt in Salva Vita!«

Jedesmal tröstete er sie mit den gleichen Worten: »Wer kann wissen, was uns dort drüben erwartet hätte. In fremden Ländern hat es niemand leicht. Vielleicht wäre es uns nicht gelungen, dort heimisch zu werden. Wir wären vielleicht verachtet und arm gewesen. Hier sind wir nur einsam und arm, das erträgt man leichter.«

»Glaubst du?« fragte sie dankbar und schlief ein.

Als der Frühling kam, waren sie krank und abgezehrt, aber sie klagten nicht mehr. Sie wurden sehr still. Ohne viel miteinander zu reden, machten sie sich daran, sich für längere Zeit in den Wäldern einzurichten. Sie lernten wilde Kaninchen zu fangen und sperrten sie in das rostige Blechgehäuse, das einmal ihr Auto gewesen war. Der Mann lernte Vögel mit Steinen zu jagen und spürte Nester mit Eiern auf, und die Frau fing Fische im Weiher. Die Kaninchen wurden zahm.

Im Herbst brachte die Frau einen Sohn zur Welt, der den Namen seines Vaters erhielt und vom ersten Tag seines Lebens an dazu bestimmt war, ein Jäger und Fischer zu werden. Er wuchs heran, lernte laufen und reden und kletterte behend in den Bäumen herum. Die Fische fing er bald mit der bloßen Hand, und die Vögel beschlich er, während sie schliefen. Als kräftiger Knabe erlegte er Wild mit dem Speer, doch als Jüngling starb er an einem Schlangenbiß.

Der Schmerz seiner Eltern war stumm und groß, wie er nur werden kann, wenn nicht Trost noch Hoffnung ihn einengt und wenn es außer ihm sonst nichts mehr gibt. Als er langsam schwand, hinterließ er eine Leere, in die der Wald seine Samen hineinfallen ließ. So füllte sie sich allmählich mit Wildnis an wie die Straße, die schon ganz voll Buschwerk war.

Längst hatten sie aufgehört, die Jahre zu zählen. Sie fühlten ihr Älterwerden am Schwinden ihrer Kraft. Ihre einzige Hoffnung war, daß milde Winter kämen, und ihre einzige Sorge, daß ihre Kaninchen gediehen. Sie hatten die kleinen schnuppernden Tiere gern und redeten mit ihnen wie mit Menschen. Miteinander sprachen sie nicht mehr viel. Was mitzuteilen war, verstanden sie wortlos. So zog ihr Leben wie ein stilles Wasser dahin, war ohne gefährliche Tiefen und reißende Wellen, vom Wind gekraust und von der Sonne erwärmt.

Doch eines Tages war ein fremder Klang im Wald. Er

hörte sich wie der Hall von Schlägen und wie das Krachen von stürzenden Bäumen an. Der Mann und die Frau horchten auf. Was mochte das sein? Sie schauten einander beinahe verängstigt an.

Am nächsten Morgen war der Klang noch näher gekommen. Sie zogen sich tiefer in das Dickicht zurück und kamen erst abends, wenn alles still war, wieder hervor.

Nach ein paar weiteren Tagen brachen Menschen durch das Gestrüpp, das die Straße schon vollkommen überwachsen hatte. Sie stießen auf den Kaninchenstall, den sie als ein verrostetes Auto erkannten. Nach einigem Suchen entdeckten sie auch den Mann und die Frau, zwei verwilderte Gestalten, und sie erschraken. Sie fragten: »Wer seid ihr?«

»Zwei Menschen«, sagte der Mann. Und die Frau setzte klagend hinzu: »Warum seid ihr nicht früher gekommen?«

»Nach dem großen Bergrutsch«, sagten die Männer, »ist die Straße gesperrt und von den Karten gestrichen worden. Niemand hat mehr darauf fahren können. Erst jetzt wird sie wieder instand gesetzt. Aber wo kommt ihr her, und wo wolltet ihr hin?«

Die Frau sagte zögernd und träumerisch: »Wir haben ein Schiff erreichen wollen. Ein Schiff nach einer großen Stadt.«

»Wie heißt sie?«

»Das wissen wir nicht mehr.«

Die fremden Männer sagten: »Kommt mit uns.« Und sie führten sie an die neue Straße heran. Breit und offen führte sie durch den Wald, und die Sonne stand mitten über ihr.

»Seht, das ist der neue Reiseweg für alle, die nach Salva Vita wollen.«

Da ging ein Leuchten über des Mannes Gesicht.

»Salva Vita! Ja, so heißt die Stadt. Dort wollten wir hin, doch jetzt können wir nicht mehr fort. Ihr seid zu spät gekommen.«
Die Männer lachten. »Zu spät? Wer sagt euch das? Die Straße ist wieder frei. Wenn ihr wollt, so nehmen wir euch mit an das Meer. Es fahren immer noch Schiffe nach Salva Vita.«
Die beiden Vergessenen schauten einander an. Dann sagte der Mann: »Wir können nicht mit euch gehen. Wir müssen bleiben, weil hier das Grab unseres Sohnes ist.«
»Und unsere Kaninchen«, setzte die Frau hinzu.
Die Straßenarbeiter schwiegen und waren bestürzt. Nur einer lachte und fragte: »Was ist schon ein Grab? Das Leben eures Sohnes ist nicht euer Leben.«
»Doch sein Tod ist unser Tod«, entgegnete der Mann. »Was sollen wir mit einer neuen Straße? Ihr müßtet auch ausgraben, was in uns verschüttet worden ist. Nein, tut das nicht. Laßt alles, so wie es ist. Eure Äxte sind scharf. Wir haben Angst vor ihnen.«
Sie kehrten sich von der Sonne ab, und in ihren Augen war nicht nur das Licht, sondern auch alle Sehnsucht erloschen. Sie waren sehr müde von dem langen Gespräch. Langsam gingen sie in das Dickicht zurück, um ihre Kaninchen zu füttern. Die warteten schon. Sie schauten sich nicht nach dem neuen Weg und nicht nach den fremden Männern um. Was sollten sie unten am Meer? Ein tieferes Meer war die Zeit. Darüber fuhr kein Schiff nach Salva Vita.
Sie bedauerten nicht, daß sie bleiben mußten. Die Nußbäume trugen ja reich in diesem Jahr. Die Himbeeren waren besonders süß. Auch war zu hoffen, daß ein milder Winter kam.

Aller Reichtum der Erde

Jahrelang hatte Magnus gespart, um zur Wiese reisen zu können. Seine Freunde begriffen es nicht und nannten es eine Verschwendung. Das war es ja wohl auch, wenn man bedachte, daß er um das ersparte Geld für den Rest seines Lebens in einem der gläsernen Vergnügungshotels alle möglichen Zerstreuungen haben konnte: Tanz und Film, Sport und Musik und auch Bildung, falls er Wert darauf legte. Die hochentwickelte Technik der Welt hatte derlei Annehmlichkeiten für alle erreichbar gemacht. Man sprach über sie nicht mehr; man bediente sich ihrer. Doch zur Wiese reisen, das konnten nur die ganz Reichen, die hoch oben unter dem Himmel wohnten und dort überdies ihre Gärten hatten.
Dort, wo Magnus lebte, sah man niemals den Himmel, nur manchmal, wenn die künstliche Sonne versagte, hing hoch oben in tiefer Finsternis ein kleiner, verheißungsvoll leuchtender Kreis. Magnus wußte, daß auf den Dächern Gärten waren, in denen noch echtes Gras und natürliche Sträucher wuchsen. Man hatte sie immer als kostbarstes Gut gehütet und von Generation zu Generation vererbt. Noch sein Großvater hatte ein winziges Stück eines solchen Gartens sein eigen genannt. Dann bot man ihm so viel Geld dafür, daß er es verkaufte.
Magnus wohnte jetzt tief in der gläsernen Stadt und hatte sich längst an dieses Leben gewöhnt. Hier war

es überall gleich hell und gleich warm, wenn man einmal in den Bereich der künstlichen Sonne geriet. Die schien ohne Unterbrechung Tag und Nacht, und wer schlafen wollte, zog Rollbalken über das Glas. Die Belüftungsanlagen brachten in unaufhörlichem Kreislauf frische, reine Luft von den Gärten herab, und ein Abfallvernichtungsdienst sorgte für Sauberkeit.
Das war die Welt, in der ein Großteil der Menschen lebte, und die meisten waren damit zufrieden. Manchmal begann wohl der oder jener das Geld für die Reise zur Wiese beiseite zu legen, doch keiner hielt das lange Sparen durch. Am Ende zog jeder das täglich gesicherte Maß an Annehmlichkeiten einem so teuren Vergnügen vor und gab weiterhin sein Geld für Freuden aus, die billiger und angemessener waren: etwa für einen Nachmittag bei regenbogenfarbenen Wasserspielen oder für eine Nacht unter schwarzem Marmorglas, auf dem aus purem Gold der Mond und die Sterne standen.
Magnus aber verbrachte viel Zeit mit dem Blatt, das eines Tages von den Gärten herab vor seine Füße gesegelt war. Unbegreiflich, wie es am Sog der Entlüftungsanlagen vorbei bis in diese Regionen der Stadt hatte herabsinken können; jedenfalls tanzte es auf einmal im Aufwind des Schachtes, im künstlichen Sonnenlicht geheimnisvoll flirrend. Er hatte diese Kostbarkeit, die er eigentlich hätte abliefern müssen, unter dem Hemd verborgen nach Hause gebracht. Und seit damals sehnte er sich nach der Wiese.
Alles, was er sich außer Speise und Kleidung noch gönnte, war dann und wann der Besuch eines Films, in dem die Wiese so deutlich zu sehen war, so nahe, daß man meinte, man sei schon dort. Angeblich war es die vollkommene Illusion: Man saß wie im blühenden Gras und hörte den Wind darin knistern, man

konnte das dichte Laubwerk der Sträucher sehen. Doch wenn man die Hand danach ausstreckte, war es nur flirrendes Licht und hinterließ das Gefühl, betrogen worden zu sein. Das Blatt, das Magnus in seinem Zimmer verbarg und das inzwischen schon braun geworden war, war immer noch schöner als all diese falsche Pracht. Er mußte zur Wiese reisen — und er reiste.

Das Flugzeug trug ihn über die Dächer dahin, die ohne Unterbrechung die Erde bedeckten. Von Horizont zu Horizont sah er nur Dächer und das lockere Grün ihrer Gärten. Durch das Glasdach des Flugzeugs sah er den wirklichen Himmel und die wirkliche Sonne als gelbe, lebendige Scheibe. Ihr Licht war anders als das anonyme, wohltemperierte Licht der Tiefe. Man konnte seinen heißen Ursprung sehen.

Sie waren schon über dem Meer, überflogen die Fischzuchtanstalten, deren Betonkästen weit in das Wasser ragten, und die breiigen Gewässer der Algenplantagen. Diesen Anlagen, die als ein breiter Gürtel lückenlos die Küsten der Welt umspannten, verdankte es die Menschheit, daß niemand mehr hungern mußte. Bücher berichteten darüber, daß früher die Nahrung aus der Erde gekommen war. Das war unvorstellbar, ja beinahe unheimlich. In den Museen konnte man Erde sehen und sie — unter Aufsicht — befühlen. Sie war häßlich und kalt. Auch die Toten hatten sie einst in die Erde gelegt, statt ihre Asche in reinen Urnen aufzubewahren. Niemand vermochte ohne Schaudern daran zu denken, und wenn man die Erde in den Museen ansah, war es, als griffe eine Hand aus einer finsteren, barbarischen Vorzeit in die helle Welt der Gegenwart herüber.

Nun flogen sie schon über dem offenen Meer. Der glatte Betonwall der Küste blieb zurück und ging schließlich in zerrinnender Bläue unter. Es war, als flöge man zwischen zwei Himmeln dahin.

Als es Abend wurde, tauchte erneut der Betonwall eines Festlandes auf, und Magnus fand, daß es hier so wie überall aussah: ein starres, geschlossenes Dächermeer und darüber die Gärten als grüner, belebender Hauch. Nach einiger Zeit bemerkte er aber, daß sich die Ebene der Dächer neigte. Es bildete sich eine kreisrunde Senke aus, die so weit war, daß ihre große Tiefe nicht auffiel. Eine grüne Fläche befand sich in ihrer Mitte, nicht leuchtend wie das Grün der Wasserspiele, sondern glanzlos, matt und stellenweise fast grau. Man sagte Magnus, daß dies die Wiese sei.

Das Flugzeug landete bei Nacht auf den Dächern und wurde durch einen Schacht in die Tiefe gesenkt. Magnus machte sich zu Fuß auf den Weg zur Wiese. Hier fuhren keine Bahnen mehr, und nur wenige Autos glitten über die Straßen, die sich spiralig senkten und immer stiller wurden. Nach und nach blieb das Licht der künstlichen Sonne zurück. Magnus ging ein Stück durch ein Dämmerdunkel, und plötzlich war Nacht um ihn. Er trat frei aus dem Schacht hinaus und befand sich unter dem wirklichen Sternenhimmel.

Nach wenigen Schritten über eine Straße traf Magnus auf einen übermannshohen Wall, der aus dem kostbarsten Stoff der Welt, nämlich aus echtem Holz, bestand. Überall gingen bewaffnete Wächter umher, denn hinter dem hölzernen Ringwall lag die Wiese. Der steile innere Rand der gläsernen Stadt bestand aus den Fassaden sehr teurer Hotels. Sie standen auf dem teuersten Boden, denn die Anzahl ihrer Etagen war streng begrenzt. Die Wiese mußte ja Sonne haben. Unter der künstlichen Sonne gedieh sie nicht.

Magnus nahm sich ein Zimmer in einem dieser Hotels. Er wurde gefragt, ob er eines mit Blick auf die Wiese wünschte. Dann müßte er freilich auch gleich eine Dauerberechtigung für deren Betreten und Betrachten bezahlen. Er erschrak vor dem hohen Preis und nahm ein geschlossenes Zimmer.

Das Hotel war ganz anders als die Vergnügungshotels in den Städten, nicht so prächtig und auch bei weitem nicht so bequem, doch atmete es einen schweren Reichtum aus mit seinen abgetretenen Teppichen aus einem sonderbar rauhen und weichen Metall. — »Echt Velours«, erklärte der Diener, der sein Staunen bemerkte, »das ist Tierwolle, uralt und von unschätzbarem Wert.« Sie stiegen eine hölzerne Treppe empor, deren Geländer staubig war. »Das ist alter und kostbarer Staub«, wurde ihm gesagt. »Er wurde seit Jahrzehnten nicht mehr entfernt, und es ist streng verboten, ihn zu berühren. Im wesentlichen besteht er aus Holzmehl, mit feinen Fasern tierischer Wolle vermengt.«

Das Zimmer, in welches Magnus trat, erschreckte ihn anfangs mit seiner Enge und seinen festen, undurchsichtigen Wänden. Bald spürte er jedoch eine wohlige Wärme, die er nicht mit der Haut, sondern mit seinen Augen aufnahm. Er saß lange in einem der hölzernen Stühle und befühlte den Velours der Lehne. Das war, als ob er etwas Lebendiges berührte, das atmend und ruhig dalag, brüchig und alt, aber immer noch voll einer tief schlafenden Kraft.

Am Morgen begab er sich in die Halle hinunter und wanderte dort lange staunend umher. Er sah Rasenstücke hinter Glas, von künstlichem Licht bestrahlt und durch Röhren mit Wasser und Salzen gespeist. Doch unterschieden sie sich nicht sehr von den Bildern, die man im Film von der Wiese zu sehen bekam. Sie waren trügerisch schön und viel zu grün.

Im Laufe des Morgens kamen die Gäste aus ihren

Zimmern, hielten sich kurze Zeit in der Halle auf und verließen dann einzeln oder in Gruppen das Haus. Diese Menschen waren trotz gleichem Körperbau, gleichen Gesichtszügen und gleicher Kleidung scheinbar von einer ganz anderen Rasse als er. Sie hatten alle einen leichteren Gang und eine wärmere, schönere Tönung der Haut. Sie traten ins Freie — da wagte Magnus es auch. Er folgte ihnen in ehrerbietigem Abstand und sah sie durch den hölzernen Ringwall gehen, so selbstverständlich, als ob sie das jeden Tag täten.

Ein junger Mann kam ihm entgegen und sprach ihn an. »Sie gehören wohl auch nicht zu denen?« fragte er.

»Nein. Aber woran erkennen Sie das?«

»An Ihren Augen«, sagte der junge Mann.

Sie gingen miteinander weiter, und Magnus erfuhr im Verlauf eines leisen Gesprächs, daß der andere auf eine Gelegenheit wartete, einen Blick über den Ringwall auf die Wiese zu tun. Er hatte das Glück, in der Nähe zu wohnen, und kam jeden Tag her, um die Lage zu erkunden. Er hatte schon herausgefunden, welche Stellen am wenigsten beobachtet waren und zu welcher Zeit die Wachablöse war. Kurz vorher mußte man es versuchen. Da ließ die Aufmerksamkeit der Wächter schon nach.

Heute wollte der junge Mann es riskieren. Er hatte eine Leiter aus Leichtmetall mit. Er trug sie zusammengeschoben unter dem Mantel und wartete auf den günstigen Augenblick.

Es standen hohe Freiheitsstrafen auf solch ein Vergehen. Trotzdem kamen immer wieder Menschen von weit her und brachten, unter dem Mantel verborgen, zusammengeschobene Leitern aus Leichtmetall mit. Einmal hatten sie einen erwischt, der hatte das Näher-

kommen der Wächter gehört und hatte trotzdem nicht zu fliehen versucht. Sie hatten die Leiter unter ihm weggezogen, da hatte er sich mit den Händen ans Holz geklammert und über den Ringwall auf die Wiese gestarrt. Zu dritt hatten sie ihn fortzerren müssen. Er war ein ganz alter Mann gewesen.
Da der Fremde von Magnus keine Antwort bekam, setzte er nach kurzem Zögern hinzu: »Wissen Sie, daß man in alten Zeiten das Gras verrotten ließ und das Holz verbrannt hat? Sie denken: Wie reich müssen diese Menschen gewesen sein! O nein, die waren genauso arm wie wir.« — Er blieb stehen und atmete tief. »Hier will ich es also versuchen. Gehen Sie weiter, und denken Sie nicht mehr an mich.«
Sie warteten beide, jeder nach Worten suchend, dann sagte der junge Mann: »Ich weiß, Sie wünschen mir Glück. Aber sie haben bisher noch die meisten erwischt, schon weil keiner sich früh genug von dem Anblick losreißt.« Sein Gesicht blieb bei diesen Worten ganz unbewegt, nur seine Augen schlossen sich sekundenlang: ein Zeichen von Verständnis und Bruderschaft. Unter seinem Mantel hob sich die Kontur der Leiter wie eine verheimlichte Krücke ab.
Magnus ging und bezahlte sein Eintrittsgeld. Er hatte Glück — es war ein sonniger Tag. Er wurde gefragt, ob er eine Führung wünsche. Es bedinge keinen Unterschied im Preis. Ohne zu überlegen, bejahte er und erhielt einen würdig aussehenden Herrn zum Begleiter, der sehr bemüht war, Distanz zu halten, und Magnus gleich die Mitteilung machte, daß es hier seit langem keine bezahlten Fremdenführer mehr gab. Sie machten es alle ehrenamtlich und gern, und die Lizenzen wurden noch unter den Reichen verlost.
Die Holzwand wurde auseinandergeschoben, und sie traten in einen schmalen, geschlossenen Gang, an

dessen Ende erst das Eintrittstor lag. »Das ist eine Blickschleuse«, wurde Magnus erklärt. »Sie verhindert, daß die Passanten hereinspähen können, wenn einer der zahlenden Gäste die Wiese betritt.«
Er hörte es nur noch halb. Vor ihm öffnete sich das Tor. Warm und füllig drängte ihm Grün entgegen — ein Grün, das nicht zerging, wenn er danach griff, das blieb und sich in seine Hände schmiegte. Tastend setzte er Schritt für Schritt auf die Wiese und überließ sich ganz diesem neuen, beglückenden Eindruck. Der Mann, der ihn führte, sagte: »So ein Skandal. Gerade vorhin haben sie wieder einen erwischt.«
»Wen?« fragte Magnus.
»Ach, so einen frechen Zaungast. Manche Leute wollen nicht klüger werden. Dabei fehlt es ihnen an nichts. Es ist reiner Übermut.«
Also ist es doch fehlgeschlagen, dachte Magnus. Hoffentlich haben sie ihm Zeit gelassen, wenigstens einen Blick hinüber zu tun. Vielleicht wäre es besser gewesen, ihm Glück zu wünschen. »Ich glaube nicht, daß es ihm leid tut«, sagte er.
Er ging weiter und wünschte plötzlich, allein zu sein. Seltsame, nachtschwarze Blüten sahen ihn an. »Das ist Storchschnabel«, wurde ihm gesagt, »und die kleine weiße Pflanze heißt Augentrost.«
Er hielt das Gras auseinander und betrachtete sie. »Augentrost — was für ein schöner Name.«
Viele andere weiße Blüten standen im Gras, die rings um ihre derbe goldgelbe Mitte einen Kranz von zarten Blütenblättern trugen. Auf einmal erbebte eine solche Blüte unter dem Anflug eines Insekts, dessen Flügel fein und durchsichtig waren. Sein Leib jedoch war kräftig und braun und mit goldenen Ringen umgürtet.
»Das sind Margariten«, erklärte Magnus' Begleiter,

»die häufigsten und zähesten Wiesenblumen.« — Es folgte eine lange Belehrung über deren Bau und Fortpflanzungsweise, und Magnus dachte: Wozu erzählt er mir das? Ich werde schon morgen nichts mehr darüber wissen. Noch während ich es höre, vergesse ich es. Nie werde ich aber vergessen, wie dieses Insekt sich im goldenen Herzen der Blüte wiegt.
»Lassen Sie mich alleine weitergehen«, bat er.
Der andere war befremdet. »Aber — ich bitte Sie! Sie sagten mir doch, daß Sie nur einmal herkommen könnten.«
»Ja, und gerade deshalb — gehen Sie bitte.«
Dann war er allein und drang Schritt für Schritt weiter in dieses sanfte Wunder vor, das so süß und kühl wie eine sehr junge Geliebte war. Ein paarmal traf er noch Menschen, in Gruppen oder allein, dann ging er weiter, und es wurde ganz still um ihn. Er kam zu einem Strauchgürtel, der die Wiese durchzog, und fühlte plötzlich eine weiche Müdigkeit. Blätter überwölbten ihn — ein unvorstellbarer Reichtum. Dann erblickte er tief im Schatten die Erde. Er bückte sich zu ihr nieder und sah, daß diese hier etwas ganz anderes war als die kalte, tote Erde in den Museen. Sie atmete, sie hatte Wärme und Duft und war von unzähligen lebenden Fasern durchzogen.
Langsam streckte er die Hände aus und legte sie in das lockere, quellende Braun. Er dachte: Früher haben sie die Toten in die Erde gelegt. Was muß das für ein glückliches Sterben gewesen sein, so, als kehrte man nach einer langen Wanderung zum Ursprung einer unwandelbaren Liebe zurück. Wir sind nirgends mehr zu Hause, dachte er. Wir sind einsam und arm in unseren gläsernen Schächten. Aber mein Leben ist für immer außer Gefahr, denn von überallher und auf den verschlungensten Wegen finde ich in Gedanken

zu diesem Strauch. Und wenn sie nach meinem Tod meinen Leib verbrennen, mögen sie meine Asche nehmen und in eine ihrer metallenen Urnen schließen. Ich werde wieder hierherkommen und hierbleiben.
Niedergleitend fühlte er, wie sein ganzes Wesen eine Verwandlung erfuhr und wie sich die brennende Leere in seinem Leben mit langsam steigenden kühlen Säften füllte.

Am Ende der Welt

Am Ende der Welt, wo die schwarzen Uferfelsen glatt und steil zum Meer abstürzen, trafen sie einander wieder, hier, wo die Schatten der Toten einander begegnen, ehe sie sich von der Erde lösen, wo sie einander ein letztes Lächeln schenken oder noch ein Wort in jener vertrauten schweren Sprache sagen, die sie bald abtun und vergessen müssen.
Dort stand der Schatten eines sehr jungen Toten auf einem überhängenden Felsen und starrte in die Tiefe, aus der die Dampfschleier riesiger Geysire zu ihm aufstiegen. Wolken gingen durch ihn hindurch, und Stürme zerrten an seinem Haar.
Er schien noch auf irgend etwas zu warten, denn er zögerte, den Fuß auf den schmalen Steig zu setzen, der zum Meeresufer hinunterführte. Und als ein zweiter Schatten über die Klippen näher kam, wandte er sich um und glitt an dessen Seite.
Der andere schaute ihn aus erloschenen Augen an, dann ging ein Erkennen über seine Züge: »Jetzt erinnere ich mich. Sie waren gestern bei mir.«
»Gestern?« fragte der erste und dehnte das fremde Wort. Er lebte schon halb in einem anderen Raum, und die Begriffe Zeit und Vergangenheit waren ihm zu Gefäßen ohne Inhalt geworden.
»Ja, gestern«, bekräftigte der zweite Schatten. Er hatte gerade erst sein Leben verloren und sich von der Erde noch nicht ganz losgelöst. Seine Gesten

waren noch lebhaft und zielbewußt. Er trug noch die Frische der lebenden Welt mit sich. »Zigarette?« fragte er. Dann winkte er ab. »Verzeihen Sie, ich vergaß, wo ich mich befinde. Ich denke noch an mein gutes Frühstück zurück, an den starken Kaffee, und da hatte ich Lust zu rauchen. — Glauben Sie mir, wenn ich sage: Sie waren gestern bei mir, auch wenn Sie sich nichts mehr darunter vorstellen können. Ein junger Kollege waren Sie — ein Schauspieler, und Sie haben mir vorgesprochen. Ich hätte Ihnen Mut machen müssen, weil Sie großes Talent hatten — doch ich schickte Sie fort. Warum? Wahrscheinlich aus Neid. Sie waren so jung.
Heute morgen las ich in der Zeitung von Ihrem Tod. Niemand klagte mich an, auch ich selber nicht. Sie glauben nicht, welche Ausflüchte man ersinnt, wenn es unangenehm wird, ein Gewissen zu haben. Den ganzen Vormittag über gelang es mir, Sie zu vergessen. Erst mittags in meinem Auto dachte ich wieder an Sie, und da gab es plötzlich keine Ausflüchte mehr. Ich weiß nicht, warum ich die Hände vom Steuer nahm — ich hatte auch keine Zeit mehr, darüber nachzudenken. Das letzte, was ich vor mir sah, war das Frauenlächeln von einer Plakatwand, ein kreisendes Feuerrad und dann dieses Dämmerlicht, dieser Nebel, an den ich mich allmählich gewöhne. Ich bin nun bei Ihnen, damit Sie mich anklagen können. Ich habe all meine Reue mitgebracht. Wollen Sie sie haben? Ich schenke sie Ihnen.«
Der junge Tote hob langsam das Gesicht. Eine ferne, schmerzhafte Erinnerung zog durch ihn, das Gefühl einer großen Enttäuschung und Demütigung, dann das Bild eines Brückengeländers, ein lautlos gleitendes Wasser, Sturz und Erlösung, und nachher der Weg hierher. Nun wußte er, worauf er gewartet hatte.

»Ich schenke dir meine ganze Bitterkeit«, sagte er. »Nimm sie mir ab, und wirf sie in das Meer.«
Sie hoben einander die Hände entgegen, aber für eine Berührung war es zu spät. Keiner begriff mehr, was ihm der andere schenkte. Das letzte Menschliche glitt von ihnen ab und verflog. »Gehen wir«, murmelten sie fast zur selben Zeit, und der tote junge Schauspieler wollte dem, der einmal sein Vorbild gewesen war, den Vortritt lassen. Doch der andere sagte: »Geh du vor mir«, und keiner von beiden fand es unangebracht. Sie schritten in die Tiefe, bestiegen das Boot, und der stumme dunkle Fährmann ruderte sie hinaus.

Der zerschmetterte Spiegel

Seit einigen Tagen fühlte sich Marc von dem kleinen, liederlichen, kurzbeinigen Kerl verfolgt, der vor ungefähr einer Woche erstmals an seinem Tisch im Kaffeehaus Platz genommen hatte. Sie waren einander gegenübergesessen, Marc in den Börsenbericht seiner Zeitung vertieft, der Kleine so gut wie untätig, die krüppelhaft kurzen Beine übereinandergeschlagen, die Hand am Kinn und die teerschwarzen, stechenden Augen nachdenklich auf sein Gegenüber geheftet. Seine Beschäftigung hatte sich darin erschöpft, daß er in Abständen von einigen Minuten die Kaffeetasse an die Lippen gehoben und einen angedeuteten Schluck genommen hatte, ohne den Ausdruck seines Gesichts oder die Blickrichtung zu verändern.
Voll einer uneingestandenen Nervosität hatte damals Marc das Lokal verlassen und mit einem raschen Blick über die Schulter festgestellt, daß auch sein wunderlicher Beobachter sich erhob. Es war ihm unbehaglich zumute gewesen, und dieses Unbehagen wurde er nicht mehr los, denn er sah den Unbekannten von nun an täglich. Er mußte jeden Moment gewärtig sein, ihm plötzlich irgendwo gegenüberzustehen und dem stechenden Blick seiner Augen zu begegnen. Der Mensch war von so einer außerordentlichen, geradezu phantasievollen Häßlichkeit, daß man ihm unmöglich mit Gleichmut begegnen konnte. Sein Schädel, der spitz und verschoben war wie der Schädel

eines Säuglings nach der Geburt, ließ mit seiner überhohen Stirn, dem gewaltigen Hinterhaupt und den haarüberwucherten Schläfen dem eigentlichen Gesicht nur kümmerlichen Raum. Dort waren Augen, Wangen, Mund und Kinn zu einer bulldoggenhaften Grimasse zusammengedrängt, und dort blühten auf fahlem Untergrund unzählige rote, gelbe und talggraue Pickel. Das Unheimlichste aber waren seine Augen, ihr unangenehmer, beinahe lidloser Blick und das zähe, saugende Schwarz der Iris. Sie verursachten Marc Beklemmung und Übelkeit und eine unerklärliche Rebellion der Nerven.

Eines Tages, bei einer neuen überraschenden Begegnung, überwand er seinen Ekel und seine Angst, ging kurzerhand auf den Fremden zu und fragte ihn schroff: »Was wollen Sie von mir? Wollen Sie mich erpressen oder umbringen? Reden Sie!«

Der Kleine wich nicht vor ihm zurück, so daß Marc ihm nun näher war, als er beabsichtigt hatte. Die Lippen des kleinen abscheulichen Kerls, die zwei herausgepreßten Teiglappen glichen, öffneten sich, und eine häßliche Stimme sagte: »Haben Sie keine Angst um Ihr Leben, mein Herr. Ich suche einen Mann, der *mich* umbringt, wissen Sie, und dazu habe ich Sie ausersehen.«

Marc erstarrte und lachte dann schallend auf. »Sie Narr!« rief er aus. »Sie schmieriger, komischer Narr!« Er drehte sich würdevoll und erleichtert um und ging fort.

Aber am nächsten Tag erwartete der Kleine ihn wieder, und zwar an jenem Kaffeehaustisch, an dem er Marc zum erstenmal mit seinen Blicken lästig geworden war. Statt einer Begrüßung sagte er dumpf, doch laut genug, um von Marc, der schon kehrtmachen wollte, sonst aber von niemandem gehört zu werden:

»Es war mir Ernst mit meiner Antwort von gestern. Ich suche wirklich einen Mann, der mich umbringt.« Und er streckte winkend und beschwörend die Hand aus.
Marc näherte sich ihm zögernd und widerwillig. »Ich kenne Sie doch gar nicht«, stammelte er.
»Aber ich kenne Sie«, kam hart und schnell die Antwort. »Und darum weiß ich, daß Sie mich töten werden.«
Marc griff sich an den Kopf. Das war ja unglaublich. Dagegen mußte man sich doch wehren können. Er kehrte sich ab und murmelte verstört: »Wenn Sie unbedingt sterben wollen, dann tun Sie es doch. Warum jagen Sie sich nicht eine Kugel in den Schädel, warum springen Sie nicht von einem Kirchturm? Das geht doch auch ohne mich.«
Durch den Klang seiner eigenen Stimme gestärkt und wieder zur Vernunft gebracht, wollte er hinzufügen, der andere möge jetzt gehen, sonst werde er ihn gewaltsam fortbringen lassen, da sah er dessen Lächeln, und wieder erschrak er. Dieses Lächeln drückte alle Tiefen der Trauer, des Elends und der Würdelosigkeit aus, nur das, was gemeinhin der Sinn eines Lächelns ist, die Heiterkeit und die Freude, war nicht darin zu finden.
»Mich selber erschießen? Das habe ich oft versucht. Aber immer, wenn mein Finger am Abzug lag und es galt, jene kleine, entscheidende Bewegung zu machen, da habe ich es nie über mich gebracht. Ich war am ganzen Körper lahm und konnte mir keinen Befehl mehr geben. Verstehen Sie, was ich damit sagen will? Nicht daß es mir leid getan hätte um mich, aber etwas ganz tief in mir, dort, wo ich mir selbst fremd bin, winselte dann und bäumte sich auf und liebdienerte auf hündische Art dem Leben.«

»Dann leben Sie eben weiter«, knurrte Marc, setzte sich an den Tisch und entfaltete seine Zeitung. Aber die Antwort, die er bekam, konnte er trotzdem nicht überhören. »Weiterleben? Einer wie ich?«
Na ja, dachte Marc, damit hat er gar nicht so unrecht. Ich werde ihn nicht erschießen, doch ohrfeigen könnte ich ihn.
»Sie hätten nichts zu befürchten«, sagte es hinter der Zeitung. »Der Abschiedsbrief ist zu Ihrer Entlastung geschrieben. Ich hätte nur noch das Datum einzusetzen, sobald Sie bereit wären, mir eine Kugel zu geben, in aller Heimlichkeit und an einem versteckten Ort. Niemand würde bezweifeln, daß es ein Selbstmord war.«
»Hören Sie auf!« fauchte Marc und wurde kleinlaut, als er den schwarzen, beschwörenden Blick wieder sah, der auch durch die ausgebreitete Zeitung hindurch gewußt hatte, wo seine Augen zu finden waren. »Und warum«, fügte er voll Abscheu hinzu, »gönnen Sie gerade mir die Ehre, Euer Unwürden aus der Welt zu schaffen? Warum?«
»Sehen Sie, *darum*. Weil Sie mich jetzt schon verachten und weil ich gerade Sie dazu bringen kann, mich abgrundtief zu hassen.«
»So? Und weshalb?«
»Weil ich Sie kenne, verehrter Herr. Ich habe mir die Mühe gemacht, Ihr Leben von Anfang an zu studieren, und habe dadurch die Erkenntnis gewonnen, daß alles, was Sie an sich selbst verachten, als Konzentrat in mir verkörpert ist. Nein, widersprechen Sie nicht. Schauen Sie in den Spiegel. Finden Sie meine Züge nicht auch in Ihrem Gesicht? — Die überhohe Stirn, die zusammengeschobenen Wangen, das kleine Kinn, den komischen, breiten Mund? Es ist noch keine Karikatur wie bei mir. Die Höhe Ihrer Stirn ist immer

noch maßvoll genug, um Würde und Klugheit auszudrücken, und dort, wo bei mir die Pickel blühen, ist bei Ihnen eine glattrasierte, sorgfältig überpuderte Wüstenei. Aber im Grunde sind Sie genauso wie ich. Habe ich recht? O ja, ich habe recht. Ich weiß zum Beispiel, daß Sie im innersten Herzen genauso feig sind wie ich.«
»Zum Teufel jetzt!«
»Nicht die Fassung verlieren! Denken Sie lieber nach. Wollen Sie etwa bestreiten, daß Sie einmal, als Gymnasiast, während der Schwimmstunde Tränen vergossen haben, weil Sie Angst vor einem Sprung vom Dreimeterbrett hatten?«
Marc wurde weiß im Gesicht und sprang wütend auf.
»Seien Sie unbesorgt«, beschwichtigte ihn der Fremde. »Ich habe bestimmt nicht die Absicht, Sie zu erpressen, wenn es auch lohnend wäre, bei dem, was ich über Sie weiß. Sie, ein Mensch, den man kennt und schätzt, der gefürchtete Verhandlungspartner, der Mann, dem man Glück bei Frauen nachsagt, stand einmal auf einem Dreimeterbrett und flennte.«
Marc setzte sich wieder hin und atmete schwer.
»Vor mir müssen Sie sich nicht schämen«, sagte der Fremde. »Auch ich habe einmal bei solch einem Anlaß geweint. Und hinter mir schrien die Buben: ›Feigling! Feigling!‹ — So ähnlich sind wir einander, lieber Herr. Nur in einem unterscheiden wir uns: Ich hatte den Mut, zu bleiben, was ich war, und Sie hatten nicht diesen Mut. Sie verleugneten sich. Sie haben gekämpft, und ich habe mich treiben lassen. Sie haben sich veredelt, und ich bin verwildert. Glauben Sie mir, ich habe, was mich betrifft, schon lange keine Illusionen mehr. Ich weiß, daß ich aussehe, wie Sie aussehen würden, wenn ein Zeichner eine gehässige Karikatur von Ihnen entwürfe. In jedem steckt eine

Karikatur seiner selbst, und sie dringt an die Oberfläche, sobald er die Haltung verliert. Sie haben viel Haltung. Sie sind so selbstbeherrscht. Beinahe alles an Ihnen ist Haltung und Willenskraft.«
In die betroffene Miene Marcs kehrte ein zögernder Stolz zurück. Der häßliche Kleine betrachtete ihn und schüttelte ernst und traurig den Kopf. »Aber die Anstrengung, die mit so einer Haltung verbunden ist, diese Erstarrung, und nicht zuletzt — diese Lüge! Oder ist es etwa keine Lüge, wenn Sie neuerdings für stark und mutig gelten? Ein Schwimmer, der gegen die Strömung aufkommt, mag vortäuschen, das Wasser trage ihn bergauf. Trotzdem zieht es an ihm, und er möchte sich treiben lassen. Kann man das Glück nennen? Haben Sie denn nicht Angst, Ihre Kraft könnte einmal nachlassen, lieber Herr, und alle Welt könnte merken, daß das Wasser bergab rinnt?«
»Oh, seien Sie still«, stöhnte Marc und stützte die Stirn in die Hände.
Der Kleine aber ließ nicht von ihm ab. Er sagte: »Das ist nur eine der vielen Gefahren. Ich könnte Ihnen noch manche andere nennen. Wie treten Sie beispielsweise einem Menschen gegenüber, der Sie von früher her kennt und dem es bekannt ist, daß Sie Ihre Heimatstadt verlassen mußten, um in der Fremde das Ansehen zu erringen, das man Ihnen zu Hause vorenthielt? Vielleicht sagt dieser Mensch gar nicht ›Marc‹ zu Ihnen, weil er weiß, daß dieser starke und noble Name, auf dem sicher ein Großteil Ihres Erfolges beruht, bloß mit Geld erkauft ist und daß Sie ganz anders heißen? Warum gebärden Sie sich denn so verschämt? Sie waren ja im Recht mit dem, was Sie taten. Wer wollte leugnen, daß ein Name schicksalhaft ist und daß er auf den, der ihn trägt, zurückwirken kann? Sie setzten den Spaten tief genug an,

um Ihr Schicksal umzugraben, das steht fest. Denn der Name, auf den Sie getauft sind, ist einer von jenen, die man manchmal beim Blättern im Kalender entdeckt und über den man mit anderen Leuten lacht. Sie litten unter seiner Lächerlichkeit, heimsten Spott und Gelächter ein, solang Sie ihn trugen. Stimmt es vielleicht nicht? Warum starren Sie mich so an? Ah, es schmerzt wohl, daran erinnert zu werden. Und weil es schmerzt und ich Sie immer erinnern werde, mit dem, was ich sage, und mit dem, was ich bin, werden Sie eines Tages tun, was ich will. Sie werden mich zerschlagen, wie man einen Spiegel zerschlägt, aus dem einem das eigene Gesicht als Fratze entgegenschaut. Unsere Brüderlichkeit ist ein Stachel in Ihrem Fleisch. So brüderlich sind wir, daß wir den gleichen Namen tragen, nicht Ihren zweiten, starken, Ihren Erfolgsnamen Marc — einen solchen vergaß ich mir früh genug zu erwerben —, sondern Ihren echten Namen, über den man lacht, wenn man ihn im Kalender liest.«
Und er neigte sich über den Tisch, um Marc diesen Namen zu nennen. Der wich zurück und griff nach den Sessellehnen. Gleich darauf fuhr seine Hand mit einer Gebärde des Ingrimms in die Innentasche seines Jacketts und holte eine Waffe heraus, die er eilig unter dem Tisch verschwinden ließ. »Gehen Sie«, sagte er matt, »sonst passiert ein Unglück.«
Durch den Kleinen ging ein Ruck. Er spannte seinen Leib und schaute aus wie jemand, der lang unterwegs war und knapp vor dem Ziel noch einmal die Kräfte sammelt. Er fing leise, beinahe mit flüsternder Stimme, doch hastig und beschwörend zu reden an. »Ah, das ist gut, das wünsche ich mir. Gönnen Sie Ihrem armen Bruder den Tod. Schießen Sie tot, was Sie in sich selbst hassen, damit es nicht jeden Tag wieder-

kommt und Sie ansieht. Tun Sie es! Worauf warten Sie noch? Habe ich noch nicht genug geredet? Soll ich Sie auch noch daran erinnern, daß Sie täglich einen Kosmetiker bemühen, weil sonst die Pickel in Ihrem Gesicht so üppig wie in meinem blühten, und daß allein die Kunst Ihres Schneiders ein gewisses Ebenmaß Ihres Körpers vortäuscht? Soll ich von Ihrer Jünglingszeit reden, in der Sie vor lauter Weltangst und Seelenpein gestottert und das Bett genäßt haben und kein Mädchen finden konnten, genau wie ich? Muß ich Ihnen noch mehr von der Krankheit erzählen, die wir beide von Geburt an in uns tragen, Sie in verkapselter und ich in blühender Form? Wann begreifen Sie endlich, was ich bin und wieviel Sie loswerden, wenn Sie mich aus der Welt schaffen? Schauen Sie mich an und bedenken Sie: So wie ich bin, könnten auch Sie wieder werden. Noch schützt Sie Ihr Name, Ihr Ansehen in der Gesellschaft und Ihr wütender Wille, oben zu bleiben. Aber was dann, wenn eine dieser Stützen bricht? Wenn ein Regenguß von Mißerfolgen und Unheil die Appretur aus Ihnen herauswäscht? Was dann? Sobald Sie einmal müde werden, gegen den finsteren, fauligen Strom zu schwimmen, wird es sehr schnell mit Ihnen abwärtsgehen. Dann werden Sie wieder sein, was ich immer schon war. Mein Bild steht am Ende Ihrer Glückslaufbahn und wartet auf Sie. Löschen Sie es doch endlich aus!«
Der Schuß dröhnte durch den großen, hallenden Raum und hinterließ darin eine panische Stille, in der nur die venezianischen Kronleuchter klirrten. Als man Marc aufhob, atmete er nicht mehr, hielt aber noch die Hand wie in Scham vor sein Gesicht. Es war sonderbar, wie rasch er im Tod verfiel. Er ähnelte plötzlich dem häßlichen kleinen Kerl, der ihn fassungslos rüttelte, als ob er ihn aufwecken wollte. Als man an

diesen Fragen zu richten begann, murmelte er wie im Selbstgespräch seltsame Worte. Er sagte, nun müsse er weitersuchen, bis er einen neuen Bruder fände.
Sie hielten ihn für einen Narren und ließen ihn in Frieden.

Meine Töchter Liane

Nach dem Krieg, in den ersten Hungerjahren, brachte ich ein Mädchen zur Welt. Es war ein mageres, bläulich verfärbtes Geschöpfchen. Man sagte mir, daß es wahrscheinlich sterben werde.
Nun, es starb nicht. Es hatte den Willen zum Leben, den es auf Säuglingsart zum Ausdruck brachte, nämlich durch beharrliches Hungergeschrei und durch ein begieriges Zuschnappen, wenn ich es stillte. Es saugte sich an mir fest, schloß die Äuglein und soff. Die Muskeln an seinem Hälschen leisteten schwere Arbeit. Sie zuckten und pumpten und mühten sich furchtbar ab, und der Kopf meines kleinen Mädchens war feucht und rot.
Ich war nach dem Stillen jedesmal ganz erschöpft und fühlte mich, als hätte ich Blut gespendet. Ich mußte liegen, um wieder zu Kräften zu kommen, und während ich mich langsam erholte, fing mein Baby schon wieder zu quengeln und greinen an. Keine Stunde war noch vorbei, und es brüllte schon wieder, nicht kläglich und flehentlich und allenfalls ungeduldig, wie andere, gewöhnliche Säuglinge schreien. Nein, sein Gebrüll war furchtbar und unnachgiebig. Es steigerte sich zur Drohung, wenn ich es ignorierte.
Da mein Mädchen so zart gewesen war, hatte ich ihm den Namen Liane gegeben. Nun war es schon rosig und prall, wie es sich für Babys geziemt. Ich selbst verlor von Tag zu Tag an Gewicht, ging taumelig und

halb bewußtlos umher — und doch war ich glücklich, weil mein Kindlein gedieh. Ich erholte mich etwas, als ich es abgestillt hatte und somit nicht mehr unmittelbar sein Aufbaustoff war. Dafür aber stand ich vor neuen Schwierigkeiten. Ich mußte als mittellose Kriegerwitwe für mein vor Hunger brüllendes Kind Milch, Gemüse und bald auch schon Fleisch beschaffen, mußte Kleider, Schuhe, Bettzeug, Geschirr gegen eßbare Dinge für Liane eintauschen. Die putzte alles weg und forderte mehr. Sie war ein kugelrundes Kleinkind geworden, das den Leuten gefiel, da sie es nicht füttern mußten. Auch ich fand sie drollig und freute mich, wenn sie umherpurzelte und ihr strammes Hinterteil zeigte. Es war ein Vergnügen, sie anzugreifen, weil sie um und um weich und prall wie ein Würstchen war, nur war es ein sehr teures Vergnügen, sogar für ein liebendes Mutterherz.

Da sie ihr ehemals erschreckendes Untergewicht somit in ein Übergewicht verwandelt hatte, war zu hoffen, daß ihre Freßlust sich mäßigen werde. Ich hoffte noch, als ich schon sah, wie sehr ich mich irrte. Lianes Appetit und sie selbst nahmen immer noch zu. Jetzt war sie kein drolliges Kind mehr, sondern ein fettes.

Wenn ich mich mit ihr auf der Straße zeigte, schauten uns die Passanten teils spöttisch, teils mitleidig an. Lianes Schritte wurden steif und gespreizt, da ihre dicken Schenkel sich aneinander rieben und ihre Beine auseinanderzwängten. Mit vier Jahren hatte sie schon einen Busen aus Fett. Ich machte mir immer größere Sorgen um sie und beschloß eines Tages, sie fortan hungern zu lassen. Meinem Kind zuliebe, das noch nicht wußte, was es sich antat, mußte ich hart sein und meinen Fütterungstrieb unterdrücken. Liane bekam eine Abmagerungsdiät. Wenn sie noch so um Essen bettelte, ich blieb meinem Vorsatz treu. Ich

hielt ihr Jammern und Weinen, ihr Bocken und Schreien aus, denn ich tat es, um sie auf lange Sicht glücklich zu machen.
Liane verlor an Gewicht, und ich freute mich. Ihr Busen aus Fett, ihre Hängebacken verschwanden. Ihr Schenkelumfang wurde immer geringer, und ihr häßlicher Watschelgang normalisierte sich. Ich hatte nun wieder eine recht hübsche Tochter, dafür aber auch eine boshafte, übelgelaunte. Im gesättigten Zustand war meine dicke Liane gutmütig, heiter und folgsam gewesen. Im ausgehungerten Zustand war sie ein Teufel. Sie trat mit den Füßen nach mir, sie kratzte und biß, sie schlug vor Empörung mein Geschirr in Scherben. Sie strampelte, schrie und wollte gefüttert werden. Ich hielt ihre Angriffe aus und gab ihr nichts. Liane nahm weiterhin ab und wurde geradezu zierlich. Aber wie schwer ließ sie mich für meine Bemühungen büßen! Sie mochte mich nicht mehr. Sie wünschte mir schreiend den Tod. Zwischen ihren Haßausbrüchen war sie muffig und kalt. Es ist traurig für eine Mutter, wenn ihr Kind sie nicht liebt. Auch hatte ich Schuldgefühle, weil ich es hungern ließ. Ich bemühte mich mehrere Jahre lang, Liane auf andere Weise zu erfreuen, kaufte Kleider für sie und führte sie vor den Spiegel, damit sie sehen konnte, wie hübsch sie war. Sie blieb gleichgültig, kalt und interesselos. Nur wenn sie etwas Eßbares sah, war ein liebevoller Ausdruck in ihren Augen, und ihr trotziges, böses Kindergesicht wurde sanft.
Als Liane in die Schule kam, schien es mir nach Verlauf von einigen Wochen, daß sie etwas heiterer und freundlicher wurde. Wie tat mir das wohl, und wie hoffte ich, ihre Liebe eines Tages zurückzugewinnen. Aber für Halbheiten hatte Liane nichts übrig. Nicht nur ihre Liebe nahm zu — sie selber auch. Langsam

und stetig wurde sie wieder mollig, dann rund, dann fett. Ehrlich — mir war das ein Rätsel. Ich wußte, wie konsequent ich sie immer noch fasten ließ. Ich wog immer noch ihre Fleisch- und Gemüseportionen. Es lag bestimmt nicht an mir, daß sie neuerlich aufquoll. Aber woran? Wogegen sollte ich kämpfen? Ich hielt sie so knapp wie vorher und gab ihr kein Taschengeld, um zu verhindern, daß sie sich etwas zu essen kaufte. Ich versperrte die Speisekammer und trug den Schlüssel bei mir. Liane hörte nicht auf, aus den Fugen zu gehen. Noch vor Ende der Volksschulzeit war es so weit, daß ich nicht eine Tochter hatte, sondern zwei. Für zwei Töchter mußte ich die Kleiderstoffe kaufen und die Unterwäsche eigens nähen lassen. Ich mußte einen eigenen Stuhl bauen lassen, der breit genug war für zwei Hinterteile und eine doppelte Belastung aushielt. Ich schaute fassungslos zu, wie Liane überquoll und wie sie teigig an sich selbst herabrann. Ich verabscheute sie — und liebte sie immer noch. Gewissermaßen liebte ich sie sogar doppelt. Es war mir ein kleiner Trost, daß sie nicht mehr so feindselig war. An manchen Tagen war sie sogar recht freundlich. Sie wirkte verdächtig satt, zumindest tagsüber. Erst abends traktierte sie mich mit ihrer Gefräßigkeit.
Sie war schon zwölf Jahre alt, als ich dahinterkam, welche Bewandtnis es mit Lianes neuerlicher Verfettung hatte. Eines Tages holte ich sie von der Schule ab, und sie war auf mein Kommen nicht vorbereitet. Da sah ich sie auf dem Schulkorridor ein überlebensgroßes Wurstbrot verschlingen. Ein zweites hielt sie in der linken Hand in Bereitschaft. Ihre Kauwerkzeuge bewegten sich unerhört schnell. Sie wirkte auf mich wie eine fressende Raupe. Ich trat empört auf sie zu und entriß ihr die Brote. Sie sah mich und wurde ziegelrot im Gesicht. Ich spürte, daß das kein

schamhaftes Rotwerden war. Es war ein drohendes, aggressives Erröten. Das Unheimlichste an diesem Zwischenfall war, daß ich Lianes Augen erblassen sah. Sie wurden ganz weit und fahl wie dünn überfrorene Teiche.
Ich habe mich trotzdem nicht von ihr einschüchtern lassen, sondern blieb auf der Spur, sondierte und schürfte und war entschlossen, herauszufinden, wo es hierorts so reiche Lager an Wurstbroten gab. Durch beharrliche Umfragen unter Lianes Mitschülerinnen erfuhr ich, daß meine Tochter eine Erpresserin war und sich der nächstliegenden Mittel bediente. Sie fand es mit Hilfe gefinkelter Tricks heraus, wenn eine aus ihrer Klasse ein schlechtes Gewissen hatte. Sie kam hinter alle harmlosen Schulmädchensünden. Heimlich machte sie sich an ihr Opfer heran, hielt ihm drastisch vor Augen, wie verworfen es war, welche Strafen ihm drohten, wenn das Vergehen aufflog — und verlangte als Schweigegeld etwas zu essen. Nicht nur einmal, sondern immer aufs neue nützte sie jede einzelne Missetat aus, wie es richtige, gewiefte Erpresser tun. Sie war immer darauf bedacht, daß die Nahrungszufuhr ihrem Nahrungsbedarf zumindest die Waage hielt. Bekam sie zu wenig, scheute sie sich nicht, eine schwache Seele zu Verfehlungen anzustiften und nachher unter Drohungen auszubeuten. Das war meine Tochter! Ich war niedergeschmettert.
Ich begann nachzudenken, was ich falsch gemacht hatte. Wahrscheinlich hatte mich meine Sorge um sie zu hart und zu unnachgiebig werden lassen. Ich hatte mich nicht genug um Lianes Vertrauen bemüht. Ich dachte: Ich hätte mehr mit ihr reden müssen, statt sie als ein unverständiges Kind zu behandeln und alles vor ihr zu versperren. Jetzt rächt sich das. Ich

mußte es auf andere Weise versuchen. Jeden Abend setzte ich mich an Lianes Bett und fing ein liebevolles Gespräch mit ihr an. Sie sollte begreifen, daß es um ihr Leben ging, daß sie so, wie sie aussah, nie einen Mann finden werde und bis zu ihrem Tode einsam sein müßte. Sie werde ausgestoßen, häßlich und krank sein. Liane sah anscheinend alles ein und versprach mir fest, von nun an mäßig zu essen, wenn ich ihr dafür Vertrauen schenkte und unsere Vorräte nicht mehr vor ihr verschloß. Tatsächlich nahm sie sich bei Tisch nur kleine Portionen, versicherte mir, überhaupt nicht hungrig zu sein, und weigerte sich sogar manchmal, mehr zu essen, wenn ich sie ermunterte, sich etwas nachzunehmen, weil mir schien, daß sie übertrieben genügsam war.
Von soviel Einsicht und Willensstärke beeindruckt, glaubte ich, sie nun nicht mehr bespitzeln zu müssen. Es war eine Wohltat, eine Entspannung für mich. Leider wurde mir binnen kurzem klar, daß Liane mich unverschämt hinterging und belog. Was sie bei gemeinsamen Mahlzeiten scheinheilig stehenließ, nahm sie doppelt und dreifach zu sich, wenn sie unbeobachtet war. Bei all ihrer sonstigen Plumpheit war sie unglaublich geschickt, wenn sie sich hinter meinem Rücken Nahrung verschaffte. Nie habe ich ihre Methoden völlig durchschaut. Sie muß sie außerordentlich durchdacht und verfeinert haben. Selbstverständlich entging es mir nicht, wie rapid die Brotwecken kleiner wurden und wie rasch die Marmelade im Tiegel dahinschwand. Beweisen konnte ich Liane nichts, und wenn ich sie beschuldigte, tat sie entrüstet. Sie aß nachts, wenn ich schlief oder wenn ich fortgehen mußte. Nur selten ertappte ich sie bei einem offenen Raub. So erinnere ich mich an den blitzschnellen Griff, mit dem sie mir Pflaumen aus einer

offenen Tüte grapschte, als ich, von ihr abgewendet, einen unvermuteten Blick auf sie warf. Ich sagte nichts, und sie glaubte, ich hätte es nicht bemerkt. Doch den Ausdruck in ihrem Gesicht — die frohlockende Bosheit — konnte sie nicht rasch genug zum Verschwinden bringen.
Ich hatte geschwiegen, da das Reden nichts nützte. Ich hatte keinen Einfluß auf mein Kind. Nur durch Härte hätte ich Liane beikommen können, und hart wagte ich von nun an nicht mehr zu sein, weil ich mir nicht daran die Schuld geben wollte, wenn sie ihre Freßgier wieder durch Erpressungen stillte. So schaute ich machtlos und tatenlos zu, wie sie immer noch in die Breite ging. Doch in Wahrheit hatte ich meinen Kampf nicht aufgegeben. Sobald Liane vierzehn Jahre alt war und nicht mehr in die Schule gehen mußte, wollte ich sie einige Jahre zu Hause behalten und nach bewährter Methode mit ihr verfahren. Unter strengster Kontrolle sollte sie abermals fasten. Ich konnte es kaum erwarten, bis es soweit war. Mir fiel auf, daß in meine mütterliche Besorgnis ein Zug von Grausamkeit gekommen war. Ich kämpfte dagegen an, doch es nützte nichts. Ich freute mich auf den Tag, an dem ich mich an Liane für meine jetzige Ohnmacht rächen konnte. In ihren Augen würden dann wieder Kälte und Haß, doch niemals mehr jene frohlockende Bosheit sein.
Ich wartete, ich hatte Geduld und bezwang den ständig wachsenden Widerwillen, den der Anblick meiner Tochter in mir erweckte, wenn sie als schweres, polterndes Ungetüm die Dielen unter sich zum Ächzen brachte und prahlerisch ihren abscheulichen Wanst vor sich her schob. Ihr ganzes Benehmen ließ darauf schließen, daß es ihr Spaß machte, fett und häßlich zu sein. Herausfordernd nahm sie den Platz für zwei

auf der Welt ein und stachelte mich zu einer Empörung auf, die ich als eine Abart von Neid erkannte. Ich hatte mir nichts gegönnt, und sie gönnte sich alles. Sie sammelte unrechtmäßige Vorräte an. Ihr Körper hortete Fett, das ich ihr zu rauben gedachte. Zuerst aber mußte sie vierzehn Jahre alt sein.
Als sie nicht mehr zur Schule ging, doch keinen Tag früher, verkündete ich Liane brutal meinen Plan. Abermals wog ich ihr Fleisch und Gemüse vor, verschloß die Brotlade und die Speisekammer, gab Liane kein Geld und schaute kaltblütig zu, wie sie ruhelos und gereizt durch die Wohnung irrte. In der Nacht stand sie lärmend auf, machte Licht und weckte mich, rüttelte kreischend an meinem Bettgestell, kroch zu mir auf das Bett, saß als Nachtmahr auf meinem Bauch, fauchte mich an und zeigte mir breit die Zunge. Es ekelte mich, wenn ich diese Zunge sah. Sie war lang und von schleimigem Fleischrot und an der Wurzel sehr dick — ein obszönes, übererregtes Sinnesorgan, mit dem sie ihre Version von Unzucht betrieb. Sie forderte etwas zu essen. Sie drohte mir. Mit den ordinärsten Worten beschimpfte sie mich. Schadenfroh und rachsüchtig hielt ich es aus. Wie hätte ich meine Tochter noch lieben können, da ich sie unter ihren Fettschwarten nicht mehr sah? Ihre wabbelige Umhüllung hatte ich nicht zur Welt gebracht, die hatte sie sich durch Gemeinheit und Lüge erworben. Dieser zweiten Tochter, bestehend aus reinem Schmalz, verweigerte ich meine Mutterliebe.
Da ich meine Tochter nun kannte, war ich darauf gefaßt, daß sie versuchen werde, mir Geld zu stehlen, und als ich bemerkte, daß sie es wirklich tat, schaffte ich mir eine eiserne Handkasse an. Die sperrte ich zu und trug den Schlüssel immer bei mir. Und bald fing Liane an, Gewicht zu verlieren. In dem Maße, in dem

sie schlanker wurde — viel schlanker und zu matt für das Raufen und Kreischen —, wurde mein Abscheu vor ihrem Anblick geringer. Meine Rache wurde wieder zum Liebesdienst.

Überhaupt kam nun eine leichtere Zeit für mich, denn auch Liane zeigte sich plötzlich sehr einsichtsvoll. Ich war voll dankbarer Freude, als ich bemerkte, daß sie ihre Feindseligkeit gegen mich bezähmte. Manchmal war sie sogar außerordentlich freundlich. Ich erklärte mir diese Wandlung damit, daß meine Tochter in ein Alter kam, in dem die jungen Mädchen gerne schön sind und auch bereit sind, etwas dafür zu tun. Wenn ich sie zwei Jahre lang unter Beobachtung hielt und dafür sorgte, daß sie stetig abnahm, würde sie selbst sehen, wie hübsch sie eigentlich war, und sich dann auch bemühen, so zu bleiben.

Das Abmagern tat auch ihrem Charakter gut. Sie wurde sehr hilfsbereit und hatte den Wunsch geäußert, eine alte Frau zu pflegen, die halb gelähmt in einem Häuschen am Stadtrand lebte. Dies tat sie nun schon seit einem Vierteljahr. Nach so langen Zeiten voll Sorge war ich sehr glücklich, daß Liane im Grunde so gut und so selbstlos war. Leider war dies ein geizig bemessenes Glück. Liane nahm wieder zu, und ich ahnte sofort, warum. Die alte Frau gab ihr wahrscheinlich etwas zu essen. Möglicherweise gab sie ihr sogar Geld. Ich beschloß, das auf der Stelle zu unterbinden.

Ich machte einen Besuch in dem Häuschen am Stadtrand und sprach mit der alten Frau ein offenes Wort. Ich schilderte ihr meine Sorgen und Schwierigkeiten und meinen Kampf um Lianes Lebensglück. Sie konnte mich gut verstehen und gab zu, Liane für deren Dienste bezahlt zu haben. Das würde sie von nun an nicht mehr tun. Sie würde das Pflegegeld auf ein

Sparbuch legen, das Liane bekommen sollte, wenn sie großjährig war. Ich bedankte mich bei ihr in bewegten Worten.

Ich lernte die alte Frau als gute Verbündete kennen. Liane nahm wieder ab, und der Teufel in ihr kam hervor, aber nicht lange — bald wurde sie wieder friedlich, saß abends behaglich im Lampenlicht und ließ die Seitennähte an ihren Kleidern heraus. Alte Frauen, sagte ich mir, haben schlechte Nerven.

Ich wartete einige Monate ab und machte mich dann erneut auf den Weg an den Stadtrand. Ich wollte die kranke Greisin bitten, sich eine andere Pflegerin zu suchen, wenn sie die Bosheiten meiner hungrigen Tochter nicht aushielt. Die Unterredung war notwendig, wenn auch beschämend.

Ich suchte die alte Frau an einem Nachmittag auf, da Liane nur an den Vormittagen bei ihr war und zum Mittagessen wieder daheim sein mußte. Ich stand vor dem Häuschen und klingelte an der Tür, aber niemand erschien, um mir aufzumachen. Sollte ich resignieren und fortgehen? Nein! Die alte Frau war ganz bestimmt daheim. Sie war zu unbeweglich, um das Haus zu verlassen. Nur daheim konnte sie, an die Wand gestützt, ein Stück gehen. Wahrscheinlich schlief sie. Ob ich sie aufwecken durfte? Ja! Sie hatte ja Zeit, konnte schlafen, wann immer sie wollte. Ich aber stand im Beruf, mußte Geld verdienen und hatte mir heute eigens einen Tag Urlaub genommen. So läutete ich noch einmal lang und laut. Danach horchte ich erneut auf den schleppenden Schritt, mit dem die alte Frau sich fortbewegte, auf das Tappen ihres Stockes und auf ihr Hüsteln, und wieder war es ein vergebliches Warten. Ratlos umrundete ich das Haus und sah, daß seine Fenster offen waren. Weiße, genetzte Gardinen blähten sich im Wind. Ich trat an eines der Fenster heran, von dem ich glaubte, daß es das Schlafzimmerfenster war, und rief erst leise, dann laut den Namen der alten Frau. Als der Wind die Vorhänge auseinanderblies, spähte ich in das Zimmer und sah, daß es leer war. Das Bett war gemacht und säuberlich zugedeckt und mit einer Unzahl von Zierkissen überhäuft.

Ich schaute durch das nächste offene Fenster und fand auch das Wohnzimmer leer und sorgfältig aufgeräumt. Nun beschloß ich, der Sache nachzugehen, und kletterte durch das Wohnzimmer in das Haus. Drinnen rief ich mit gedämpfter Stimme abermals den Namen der alten Frau, damit sie nicht erschrak, wenn ich unvermutet vor ihr stand. Es kam keine Antwort, auch nicht, als ich noch einmal rief. Nun war ich in ehrlicher, begründeter Sorge um sie. Vielleicht lag sie hilflos und ohnmächtig irgendwo. Ich überquerte den Vorraum, schaute in die Toilette, schaute selbst in den Besenwinkel und in die Kleiderschränke. Niemand war da, nicht wach, nicht schlafend, nicht tot. Die Küche war leer und aufgeräumt, doch das Allerleerste war die Speisekammer. Nichts stand mehr auf den Regalen, keine Eier, kein Schmalz, keine Marmelade und auch keine Gläser mit Eingekochtem. Erst ganz zuletzt, als ich schon gehen wollte, entdeckte ich im finstersten Winkel der Kammer eine Kasserolle mit eingepökeltem Fleisch. Ich trug es in die Küche und roch daran. Es lag, wie Wildbret, in einer Essigbeize. Da es einladend und bekömmlich aussah, schnitt ich ein Stück davon ab und kostete es. Es schmeckte ein wenig fremdartig, aber gut. Nun wußte ich jedenfalls, daß Liane mich wieder belog. Es wohnte niemand mehr in diesem Haus, und Liane war jeden Tag hergekommen, um die Vorräte aufzuessen. Gott prüfte mich hart mit ihr. Daheim erhielt sie ein Strafgericht, das sogar sie in ihrem Phlegma erschreckte. Ich kündigte ihr die härtesten Maßnahmen an. In den nächsten Monaten würde sie Hausarrest haben. Ich würde sie einsperren, und unsere Vorräte auch. Liane zitterte und sah wirklich bußfertig aus. Sie beschwor mich weinend und unterwürfig, sie wenigstens noch einmal fortzulassen, denn ihre alte Freundin läge im Krankenhaus und wartete sehnlich auf Lianes Besuch. In meinem Zorn verweigerte ich ihr auch dies. Ich glaubte Liane kein Wort und keine Träne.

Es wurde nun ernst. Ab sofort gab ich meinen Beruf auf, denn ein Jahr konnten wir von meinem Ersparten leben. Ich würde die ganze Zeit bei Liane sein und sie nie aus dem Haus und auch nicht aus den Augen lassen.

Liane war dermaßen außer sich, daß sie ein Nervenfieber bekam, das drei Tage anhielt. Nachher war sie blaß und verschreckt und ganz appetitlos und stocherte zerfahren im Essen herum. Sie zuckte bei jedem Läuten an unserer Tür zusammen und war, wie in Fluchtbereitschaft, halb aufgerichtet. Und sie bettelte, flehte immer nur, sie noch einmal zu der kranken Alten zu lassen — und zwar unbedingt allein, denn es war ja ein Abschied für immer. Da mich Lianes Anhänglichkeit rührte und ich sah, wie zersorgt sie war, wie unruhig sie umherstrich, durfte sie einen letzten Besuch im Krankenhaus machen. Als sie nach Hause kam, wirkte sie ausgesprochen erlöst. Die alte Frau sei gestorben, erzählte sie mir, und habe bis zum Schluß Lianes Hände gehalten. Nun sei sie bestimmt im Himmel und litte nicht mehr.

Leider kehrte von Stund an Lianes Hunger zurück. Ich blieb hart, und sie haßt mich nun wieder — wie damals als Kind. Ich kann es nicht ändern und werde es aushalten müssen, daß ihre Augen wieder voll fah-

ler Kälte sind und nur beim Anblick von etwas Eßbarem liebevoll werden.
Es ist schwer für ein Mutterherz, so grausam zu sein, aber kann ich denn anders handeln bei so einem Kind? Ich werde jetzt lange mit Liane allein sein und werde in dieser Zeit ihr Vertrauen wiedergewinnen. Der Tag wird kommen, an dem sie einsehen wird, daß ich es nur gut mit ihr meine, wenn ich sie quäle. Wie sehr hat es mich zum Beispiel heute gefreut, als ich merkte, daß ihre ziellose Unruhe nachließ. Liane hat sich sogar im Haushalt nützlich gemacht. Zuerst hat sie unsere Kasserolle saubergemacht, die große, blauemaillierte, selten benutzte, dann unser Fleischbeil entrostet, die Messer geschärft — nichts Dringliches, alles in allem, und doch ein Beginn. Sie hat mir geraten, Gewürze zu kaufen: Lorbeer, Wacholder und Pfefferkorn. Auch unser Obstessig ginge zur Neige, sagte sie mir. Ich habe das alles eingekauft, denn es ist wichtig, daß man sein Kind respektiert und manchmal auch einen verschrobenen Rat von ihm annimmt. Als ich mit den Sachen nach Hause kam, war ihr Blick ganz anders als früher — so liebevoll war er. Sie wird schon noch merken, daß ich gar nicht so übel bin.

Eine Spielart von Phantasie

»Du mußt das verstehen«, sagte Benedict. »Für mich« (er erhob seine Stimme und tippte sich an die Brust) »ist Geld nicht etwas, was man kurzerhand ausgibt, weil man etwas haben will oder etwas braucht oder weil man sich ein Bedürfnis einsuggeriert. Es ist kein Gegenwert für reale Dinge. — Ich liebe das Geld, weil es mir etwas verspricht, weil es Möglichkeiten erschließt, weil es vielseitig ist und weil es — zumindest mich — zum Denken anregt.«
Es war erstaunlich, wie lebhaft und schwungvoll er sprach, wie fest und stark seine Stimme schon wieder war. Vor vierzehn Tagen hatte sie noch geschwankt, vor einem Monat war sie noch umgekippt, und vor einem halben Jahr, als er beinahe gestorben wäre, da hatte sie kaum noch zum Stammeln und Flüstern gereicht. Jetzt lag Benedict schon wieder im Liegestuhl. Er lag? Nein, er saß. Er hatte sich aufgerichtet. Er brauchte die Stütze in seinem Rücken nicht mehr und saß in der Haltung da, die er immer einnahm, wenn er, wie eben jetzt, in Eifer geriet.
Wie ist das nur zu erklären, dachte Madeleine, daß ein Mensch, der so geizig, so rechnerisch ist wie er, daß solch ein Mensch in gewissen Augenblicken eine so begeisterte Stimme haben kann? Sein langes, ein wenig lauerndes Gesicht mit den wachen steingrauen Späheraugen war von einem inneren Feuer rosig gefärbt. Er triumphierte — und das mit vollem Recht. Er

hatte seinen Anspruch auf Existenz verteidigt, sich gegen das Ausgelöschtwerden erfolgreich zur Wehr gesetzt und war entschlossen gewesen, am Leben zu bleiben. Nun also, da saß er und lebte und freute sich, weil er seit heute aus dem Spital in häusliche Pflege entlassen war. Er war etwas abgezehrt, aber sonst überhaupt nicht verändert. Er machte seine Bilanzen wie eh und je.
»Was haben wir also auf dem Sparbuch?«
Sie sagte es ihm. Er war, wie es schien, damit nicht ganz unzufrieden.
»Und wieviel bleibt uns vom laufenden Gehalt?«
»Woher soll ich das wissen?« sagte Madeleine.
»Man wird doch wohl abschätzen können«, belehrte er sie, »wieviel man im Monat voraussichtlich brauchen wird. Was brauchst du an Wirtschaftsgeld?«
Sie nannte ihm einen Betrag.
»Und für Gas und Strom? Für die Miete? Für Kleidung und sonstige Dinge?«
Er fragte, und Madeleine mußte Auskunft geben. Die Zahlen, die sie nannte, addierte er, subtrahierte die Summe von seinem Nettobezug, multiplizierte die Differenz mit zehn, addierte das Urlaubsgeld und die Weihnachtsremuneration und zählte die Summe, die sich daraus ergab, dem bisher bereits Ersparten zu. Nun war er imstande, vorauszusehen, wieviel Geld bis zum Jahresende vielleicht auf der Bank lag, falls Madeleine bereit war, mitzuhelfen, und falls sie seine Gedankengänge einsah. Er war nämlich der Ansicht, daß seine starke Beziehung zum Geld im Grunde eine Beziehung zur Zukunft war, dem Zeitraum der zahllosen Möglichkeiten, die in verschiedenem Grade wünschenswert und in verschiedenem Ausmaß erschwinglich waren. Eines stand jedenfalls fest: je mehr Geld er besaß, desto reicher war das Sortiment seiner Mög-

lichkeiten. Er konnte sie nacheinander ins Auge fassen, mit jeder im Gedanken ein Weilchen leben, sie einmal von dieser, dann wieder von jener Seite betrachten und sie wieder zurück in ihre Vitrine legen. Die eine Möglichkeit hieß: auf Reisen gehen, und ihre Grundfarbe war ein reines Azur, durchmischt mit dem Prachtrot von Sonnenuntergängen. Eine andere war grün und huflattichgelb und hieß: ein kleines Haus am Stadtrand haben. Die dritte — ein Auto — glitzerte von Chrom. Die vierte — ein sorgloses Alter — war leicht wie ein Schmetterling. Doch alle waren sie schön, und keine enttäuschte ihn je, wogegen die Wirklichkeit ihn nur allzuoft enttäuschte. Was einmal so weit gediehen war, daß es geschah, war schon so gut wie vorbei und damit verlorengegangen, denn nichts war so wertlos wie die Vergangenheit, die fest versiegelt war und nichts Gutes mehr hergab, an der sich auch nichts mehr korrigieren ließ, was manchmal noch weitaus bedauerlicher war. Er hätte zum Beispiel Madeleine nicht heiraten dürfen, so hübsch sie auch gewesen war. Er hätte sich den Wunsch nach der Wärme ihrer Haut, nach ihrem bukolischen Reiz nicht erfüllen dürfen, der ihn auch jetzt, nach Jahren, noch an sie band. Sie neigte nämlich dazu, sein Geld zu verschwenden. Er hatte sich zwar dagegen zu wappnen gelernt und hatte jetzt seine Methoden und sein Kontrollsystem, mit deren Hilfe er das Ärgste verhindern konnte. Und doch war es ausgesprochen strapaziös, ihr ständig auf die Finger schauen zu müssen. Es war ein täglicher Kleinkrieg, ein dauernder, zäher Kampf, ein Aufspüren all dieser Lügen und Heimlichkeiten, mit denen sie immer aufs neue den Schutzwall untergrub, den er gegen ihre Habgier errichtet hatte. Denn habgierig war Madeleine und nicht etwa er, auch wenn sie gegenteiliger Meinung war. Oder traf es vielleicht nicht zu, daß sie alles haben wollte — alles, was ihr gefiel und was ihr ins Auge stach. Sie hatte zum Beispiel auf Krabben Appetit und wollte dann auf der Stelle Krabben haben — oder Westfäler Schinken oder Gänsebrust. — Wenn das nicht Habgier war! Doch Madeleine stritt es ab. Sie war der Ansicht, es sei Lebenskunst.

Hingegen hielt er es für Lebenskunst, daß er sich Möglichkeiten offenhielt, daß er Wünsche zu hegen verstand und sie sich nur höchst sparsam erfüllte. Dabei war er gewiß nicht anspruchslos. Im Gegenteil — seine Ansprüche waren sehr hoch. Er fühlte sich nicht als Asket — er liebte die Welt mit allem, was sie an Behagen und Schönheit bot. Er hatte Lebenshunger, er wünschte sich viel — doch er haßte die Wünsche, die nicht erfüllbar waren. Wie armselig war so ein hoffnungsloser Traum, den etwa ein Vagabund mit leeren Taschen träumte. Doch ein Traum, der als handfesten Rückhalt ein Bankkonto hatte, ein Traum mit realer Basis war grandios. Für einen Mann, dessen Mittel bescheiden waren, ergab sich daraus nur eine Konsequenz: sparsam sein, das Geld zusammenhalten, weil jede Annehmlichkeit, die er sich gönnte, seinen Träumen ein Stück der realen Basis entzog. So hatte er schon auf mancherlei Dinge gespart — zuerst auf die Urlaubsreise und dann auf das Motorrad, dann auf das Auto und neuerdings auf das Haus.

Doch hatte er niemals die Reise gemacht. Er hatte kein Motorrad und kein Auto gekauft. Er hatte immer nur, wenn ein Sparziel erreicht war, seine Ansprüche wieder ein Stück hinaufgeschraubt. Jetzt hatte er es schon so weit gebracht, daß vieles für ihn erschwinglich war: die Reise (sobald er sie antreten wollte) oder das Auto (wenn ihm eines gefiel) oder (sofern er noch weitersparte) das Haus. Es wurde von Mal zu Mal allerdings immer schwerer für ihn, die erboste Madeleine noch ein Weilchen im Zaum zu halten, die immer etwas vom Leben haben wollte und durchaus nicht einsah, daß sie doch alles besaß, da des Menschen ganzer Reichtum die Zukunft war. Sie hatte gesagt: »Mein Besitz ist die Gegenwart.« Sie nannte es Geiz, daß er lustvoll sparte. Er nannte es eine Spielart von Phantasie, doch hatte er leider eine phantasielose Frau.

Hübsch war sie ja immer noch mit ihrem Pfirsichteint, mit ihrem lockeren honigfarbenen Haar, mit den sorglosen lachenden Augen, dem üppigen Mund und ihrem unbekümmert schwellenden Fleisch, das trotzdem noch seine gefälligen Formen wahrte. Wenn sie nicht bei ihm war, fehlte sie ihm entsetzlich. Sie war das Blühende in seinem Leben, und die parasitischen Blüten waren eben die schönsten. Ob sie ihm wohl immer treu war? Wahrscheinlich nicht. Er wagte gar nicht zu hoffen, daß sie ihm die Treue hielt. Wer mit sich selber so viel Nachsicht hatte wie sie, der kämpfte gegen Versuchungen gar nicht erst an, und sicher war sie Versuchungen ausgesetzt. Verlassen würde sie ihn wahrscheinlich nie, denn dabei müßte sie ihr Gemüt strapazieren. Sie hatte es gut bei ihm und tat, was sie wollte.

An jedem der vielen Tage im Krankenhaus hatte er darüber nachgrübeln müssen, ob Madeleine nicht sein Geld durch die Finger rinnen ließ. Er hatte zuerst das Gefühl der Ohnmacht gehabt, weil er nicht in der Lage war, ordnend einzugreifen, weil er nicht einteilen, zumessen, nachprüfen konnte, wie das bei Madeleine nun einmal notwendig war. Doch er hatte ihr unrecht getan. Sie hatte weitergespart. Sie hatte ihm wöchentlich Rechenschaft abgelegt. Sie hatte ihm alle Rechnungen vorgezeigt, sie hatten miteinander Bilanz ge-

macht, und er hatte ihr, von einigen Entgleisungen abgesehen, keinen Vorwurf zu machen gehabt. Jetzt war dieser angenehme Zustand schon wieder vorbei. Jetzt kochte sie schon wieder den teuren Kaffee. Jetzt waren (im Februar!) schon wieder Trauben im Haus, und Madeleine roch nach ihrem exquisiten Parfüm. Er sah sie durch die offene Küchentür, wie sie mit dem Rücken an der Anrichte lehnte, wie sie entspannt und genießerisch ein Bad in dem teuren Kaffeeduft nahm. Er sah ihr weiches, wenig geprägtes Gesicht, ihr aufgelöstes und dennoch so hübsches Haar, ihre zärtlichen Schultern, die rundliche Hüftpartie — nur was sie gerade dachte, das sah er nicht.
Sie dachte nämlich: Jetzt ist es dann gleich soweit. Jetzt wird er gleich fragen, wo das Sparbuch ist. Dann wird er es aufmachen, und dann wird er es sehen. Was sag' ich dann bloß? Wie erklär' ich es ihm?
Es war höchste Zeit, ihm beizubringen, daß sie, die in der Gegenwart lebte, sein für die Zukunft erspartes Geld zum größten Teil verjubelt hatte. — Und die Bilanzen? Die Rechenschaftsberichte? Die Zettel, die Zahlenkolonnen am Krankenbett? — Ist alles Schwindel gewesen. War alles frisiert. Die Wahrheit hingegen, mein Lieber, ist fürchterlich.
Sie hatte am Anfang geglaubt, daß er sterben müsse, und sich einen Vorschuß auf die Erbschaft gegönnt: ein Stück Gegenwart in Form eines Marzipankuchens, in Form einer hübschen Brosche und eines Herbstkostüms. Und als sie dann hörte, daß er genesen werde, da sagte sie sich, es sei ohnehin schon egal. Sie erstand das Theaterkleid, das hübsche Rubinkollier, den zauberhaften Persianermantel, sie gönnte sich dann und wann eine Mahlzeit im Restaurant, war voller Gewissensbisse und doch so glücklich. Jetzt war auf dem Sparbuch gerade noch so viel Geld, daß

es genug für eine Reise war. Sie hätte so gerne einmal eine schöne Reise gemacht. Ob sie Benedict darum bitten soll? Ob sie beichten soll? Nein, nein, lieber nicht! Es wäre Leichtsinn, das Schicksal herauszufordern, und diese Version des Leichtsinns ist nichts für Madeleine. Wenn er bloß keine heiklen Fragen stellt! Wenn er nur nicht sagt: »Ich möchte das Sparbuch sehen!«

Aber Bendict zögert es noch hinaus wie alles, von dem er sich Vergnügen verspricht. Es bleibt ihr noch eine winzige Galgenfrist. Sie hat grausame Angst. O Gott, was soll sie nur tun, damit er keine Fragen stellen kann? Dort, auf dem Fensterbrett steht Benedicts Medizin, von der er auf keinen Fall zu viel einnehmen darf. Sie gibt, mit dem Rücken zur Tür, ein paar Tropfen in den Kaffee. Vielleicht wird ihm ein wenig übel davon. Vielleicht lenkt ihn das für die nächste Stunde ab, und das drohende Unheil wird hinausgeschoben. Für einen Menschen, der in der Gegenwart lebt, für Madeleine, ist eine Stunde Aufschub viel. Und wenn er den ganzen Tag nichts mehr fragen kann? Sie gibt ein paar weitere Tropfen in den Kaffee und dann, weil es ohnehin schon egal ist, den ganzen Rest, der noch in der Flasche ist. Und jetzt ist die Angst vorbei. Sie atmet auf. — Er wird — vielleicht — überhaupt keine Fragen mehr stellen.

»Jetzt dauert es nicht mehr lang«, sagte Benedict, während sie mit dem Tableau in das Wohnzimmer trat, »bis wir daran denken können, das Grundstück zu kaufen. Natürlich habe ich mich noch nicht festgelegt. Wir könnten uns ebensogut für das Auto entschließen oder (warum denn auch nicht?) auf Reisen gehn.«

Oder gar nichts — wie immer, dachte Madeleine. — Und sie servierte ihm seinen Kaffee.

Morgen ist wieder ein Spiel

Seit der junge Soldat seine Königin liebt, kann er an nichts anderes mehr denken. Zwar ist wenig geschehen, doch könnte so vieles sein. Nur von dem, was sein könnte, nährt er seine Träume. Die Wirklichkeit ist enttäuschend für ihn.
Gestern hat er der Königin einen Brief überbracht. Als er eintrat, stand sie am Bogenfenster und ließ den Blick über ihren Garten gleiten. Sie war abweisend, stolz und zu schön für ihn. Ihre Augen waren in dem Licht, das von draußen einfiel, hell und kühler als Glas. Sie stand in ihrer freien, aufrechten Haltung da, wenige Schritte von ihm entfernt, und bewegte sich kaum bei seinem Gruß. Nur ihre Hand, die auf der geschnitzten Lehne des Stuhles gelegen war, nahm sie an sich, wie um sie vor einer Gefahr zu bergen.
Eine fremde Stimme sagte für ihn: »Eine Botschaft für Eure Majestät.« Ihm schien, als gehörte die Stimme, mit der sie antwortete, gleichfalls nicht ihr. »Legt den Brief auf den Tisch.« — Danach nichts als eine Kopfwendung zu ihm, eine Geste der Verabschiedung, und er ging. Ihr kühler Glasblick war wieder dem Garten zugekehrt, dennoch spürte er, daß etwas in ihr ihm nachblickte, bis er die Tür hinter sich geschlossen hatte.
Warum er das gespürt hat, kann er sich selbst nicht erklären. Es ist keine Gewißheit und doch stärker als

jedes Wissen: Etwas in ihr, das ihm im Rang ganz gleich ist, hat ihm voll großer Traurigkeit nachgeschaut.

Heute um die gleiche Stunde muß er ihr wieder einen Brief überbringen. Aber heute wird er sich von ihrem Blick nicht fortweisen lassen. Er wird stehenbleiben und ihn erwidern. Dann wird er auf sie zugehen, aufrecht wie sie, mitten in den kalten Strahl ihrer Augen hinein, und wenn sie ausweichen oder ihn fortweisen möchte, wird er bleiben und sie zwingen, ihn anzusehen. Dann wird er die Lehne des Stuhles küssen, auf der ihre Hand gelegen ist — statt aller Worte wird er dies tun —, und sie wird vielleicht mit ihm zu reden beginnen, wie man mit seinesgleichen spricht, ob man ihn liebt oder nicht.

Und die schöne junge Herrin denkt: In ein paar Stunden wird er wiederkommen. Er wird eintreten und ehrerbietige Worte sagen, weil ich seine Königin bin. Es wird so weh tun wie gestern, wie jeden Tag, und ich werde wegschauen müssen, um nicht zu weinen. Ich sollte lächeln, wenn er kommt. Vielleicht erriete er dann, daß auch ich ihn liebe und seinesgleichen bin. Heute werde ich tun, wonach mir zumute ist. Ich werde zu ihm sagen: »Bleiben Sie doch! Kommen Sie näher! Berühren Sie mich! Schauen Sie mich nicht an wie einen Stern!«

Die Stunden vergehen, und jener Augenblick, auf den sie beide warten, kommt heran, eine winzige Spanne des langen Tages und doch die einzige wirkliche Lebenszeit. Er tritt in das Zimmer und sieht sie beim Fenster stehen, und wieder trennen ihn nur die wenigen Schritte von ihr, die er gestern nicht gehen konnte und heute nicht gehen wird. Nie wird er es wagen, denn ihr Blick ist so kühl. Sie wendet sich von ihm ab und schaut in den Garten hinaus. Da weiß er, daß die

Begegnung zu Ende ist. Er sagt: »Eine Botschaft für Eure Majestät.«
»Legt den Brief auf den Tisch«, erwidert die Königin. Hat ihr Mund sich bei diesen Worten bewegt? Der junge Soldat bezweifelt es. Er fühlt nichts, ist nicht einmal traurig. Er weiß, daß er gehen wird. Auch die Königin weiß es, möchte lächeln und kann es nicht. Sie kann ihn auch nicht bitten, bei ihr zu bleiben. In dieser winzigen Spanne des langen Tages, dieser eigentlichen, entscheidenden Lebenszeit spürt sie, daß sie eine Puppe ist und an Fäden hängt. Alles geschieht mit ihr und gewiß auch mit ihm. Nach einer Weile senkt sich der Vorhang vor die Bühne, und die wenigen Zuschauer gehen gelangweilt nach Hause. Die Marionetten werden in einer kleinen Kammer bis zu der nächsten Vorführung aufbewahrt. Auch der junge Soldat und die Königin lehnen dort an der kalten, gekalkten Mauer. Sie sind einander ganz nahe und wissen es nicht.
Sie ahnen nicht, daß ihr gemeinsames Stück schlecht ist, ein Dutzendstück für ein billiges Vorstadttheater, nachmittags für Kinder und abends für große Leute. Es könnte auch ein brillantes Lustspiel sein oder ein Drama der Weltliteratur. Für sie und ihn würde sich nichts ändern.
Es ist tiefe Nacht. Niemand bewegt jetzt die Fäden. Es ist die stille, schicksalslose Zeit, in der auf steinigem Grund die Träume wachsen — herrliche, kühne Träume, denn morgen ist wieder ein Spiel. Morgen wird er die richtigen Worte finden, und die junge Königin übt im Traum ihr Lächeln.

Ein Brautkleid für Julia

Keiner von denen, die Romeo Montague kannten, konnte verstehen, was er getan hatte. Es schreckte die Bürger von Verona auf und diente noch lange als Gesprächsstoff in den Salons.
Der junge Romeo war interessant für die Leute. Man verfolgte sein Leben mit großer Aufmerksamkeit. Er war ein sehr schöner Mensch mit einem ernsten Gesicht und träumerischen dunkelblauen Augen, und obwohl er der Sohn eines reichen Vaters war und sich ein flottes Leben hätte leisten können, war er nachdenklich und in sich zurückgezogen, beschäftigte sich mit Musik und Literatur und wollte nach Abschluß seiner Studien als Arzt in ein Notstandsgebiet der Erde gehen. Sein Vater, Mario Montague, Gründungsmitglied und Hauptteilhaber der Montague-Obstverwertungsgesellschaft, sah dieser Entwicklung zwar mit leichtem Befremden zu, doch da Romeo der jüngste von drei Montague-Söhnen war, durfte er ganz seiner Neigung leben. So legte er in kürzester Zeit, unbeschwert von den Nöten des Daseinskampfes, seine Prüfungen als Mediziner ab und bereitete sich danach auf sein eigenes Leben vor.
Einige Wochen nach seiner Promotion lernte er anläßlich einer Geselligkeit im Haus seines Freundes ein junges Mädchen kennen. Es saß mit leuchtendem Haar und zarten, leuchtenden Schultern im Licht eines großen Fensters und schaute ihn an. Romeo ging auf das

Mädchen zu und sagte: »Mein Name ist Romeo Montague.«

»Ich bin Julia Capulet«, gab die zierliche Kleine zur Antwort. Sie hielt ein Glas mit einem roten Getränk, aus dem ein roter Schein auf ihre Hände fiel — auf ihre schönen, feinen, porzellanweißen Hände.

Es stellte sich im Laufe des Abends heraus, daß Julia die Tochter Rosanna Capulets, der steinreichen Erbin der Proserpina-Confiserie und der dazugehörenden Konservenfabrik war. Sogar der weltabgekehrte Romeo wußte, daß es keine rücksichtsloseren Konkurrenten als seinen Vater und Rosanna Capulet gab und daß die beiden einander ausgiebig haßten.

Schon aus der ersten Begegnung zwischen den jungen Leuten ging eine heiße, verzweifelte Liebe hervor. Beiden war es aus begreiflichen Gründen klar, daß sie keine Möglichkeit hatten, beieinander zu bleiben, doch sie fühlten sich außerstande, ohne einander zu leben. Und weil ihre Liebe so groß war und weil die Welt zwischen ihnen stand und vor allem, weil sie Romeo und Julia hießen, beschlossen sie, miteinander zu sterben.

Nun begann eine sonderbare, traumhafte Zeit, in der Romeo und Julia ein weltabgekehrtes, halb schon aufgelassenes Leben führten. Sie lösten ihre Freundschaften auf und wurden gleichgültig gegen ihr Eigentum. Sie besaßen einander, doch darüber hinaus schon nichts mehr.

Da sie einander an einem Sonntag begegnet waren, wählten sie auch einen Sonntag zum Sterben aus. Das Gift besorgte Romeo, und Julia hatte ein kleines Landhaus vor der Stadt, das ihnen schön genug erschien für einen so schönen Tod. Sie planten ihr Sterben mit so viel Eifer voraus, als berieten sie sich über das Ziel ihrer Hochzeitsreise. Ihre Reise würde ins

Dunkle, Weglose gehen. Was ihnen nachher bevorstand, wußten sie nicht, doch würde es etwas vollkommen Gemeinsames sein. Andere Liebende hatten es nicht so gut. Die konnten jederzeit durch eine Tücke des Schicksals auf Nimmerwiederfinden einander entrissen werden. Sie aber würden wie zwei Flüsse sein, die sich an derselben Stelle ins Meer ergießen.

Es kam der Tag, an dem sie sich zum letztenmal trennten, um noch einmal nach Hause zu gehen und, jedes für sich, einen heimlichen Abschied von ihren Eltern und Geschwistern zu nehmen. Sie kehrten für einige Stunden in eine Umwelt zurück, der sie ein schönes, behagliches Leben verdankten und die es verdiente, daß man sie mit Anstand verließ.

Romeo wanderte durch die heiße, geschäftige Stadt, die keine Anstalten traf, ihr lautes Getriebe um seinetwillen geziemend zu dämpfen. Auch daheim bei den Montagues ging es recht lebhaft zu. Romeos Brüder samt ihren Frauen waren zu Besuch und hatten fünf temperamentvolle Montague-Enkel mitgebracht. Romeo fühlte sich gekränkt und dachte: Sie lachen, weil sie nicht wissen, was morgen sein wird. Er saß still bei Tisch, schaute Gläser und Teller an, die schmackhaften Speisen, das bunte, saftige Obst. Alles erschien ihm beleidigend und grob. Er schluckte nur ein paar Löffel klarer Suppe und aß ein Stück weißes Brot mit einer Pastete, der man ihre tierische Herkunft nicht mehr ansah. Einmal lagen die Augen seines Vaters forschend auf ihm. Er senkte den Kopf und füllte sich hastig den Mund. Vor lauter Verlegenheit aß er ein großes Stück Fleisch und fühlte sich als Verräter, weil es ihm schmeckte.

Nach beendeter Mahlzeit sagte sein Vater zu ihm: »Ich habe mit dir zu reden, Romeo.« Sie gingen in das Arbeitszimmer. Dort fragte der Alte geradeheraus:

»Ist es wahr, was man sich von dir und der kleinen Capulet erzählt?«
Romeo schaute ihn an. Hier war nichts mehr zu erklären. Er dachte nur: Was können sie uns denn tun? Wir gehen heute freiwillig in den Tod und kommen allem zuvor, womit sie uns schrecken könnten. — So gab er die einzige Antwort, die hier noch angebracht war: »Ich liebe Julia. Und ehe ich mich von ihr trenne ...«
»Eher sterbe ich«, sagte der alte Montague. Er stand auf, umarmte seinen Sohn und brach in ein dröhnendes Jupiterlachen aus. »Romeo und Julia. Montague und Capulet. Die gleichen Namen, die gleiche große Liebe, warum nicht auch der gleiche poetische Tod? Ist keiner von euch auf den Gedanken gekommen, es könnte auch anders gehen?«
»Nein«, sagte Romeo.
Montague setzte sich wieder. »Ihr habt meinen Segen, mein Sohn. Die Sache ist mehr wert als ein Dutzend Werbekampagnen. Zwei Monate benötigen wir, um das Ereignis populär zu machen, ein weiteres, um die Spannung zu steigern, dann setzen wir den Termin für die Hochzeit fest. Frau Capulet, die alte Halsabschneiderin, hat schon mit mir geredet und stimmt mit mir überein. Romeo Montague darf Julia Capulet heiraten. Die feindlichen Familien vertragen sich. Die Leute freuen sich und kaufen unsere Marmelade, und die Proserpina-Konfitüre kaufen sie auch. Sogar den Auslandsmarkt können wir jetzt erobern. Überall werden die Illustrierten Reklame machen. Daran habt ihr wahrscheinlich nie gedacht, ihr beiden verliebten Kälber!«
»Nein«, sagte Romeo. Er hatte plötzlich den Wunsch, davonzulaufen, als drohte ihm eine unbekannte Gefahr.

»Julia weiß es wahrscheinlich auch schon«, sagte der Alte. Ihre liebenswürdige Mama redet mit ihr. Das Familientreffen ist morgen. Jetzt geh und leg dich zu Bett! Du siehst ja genau wie ein voreilig Toter aus.«
Romeo fiel in den Schlaf. Er schlief bis tief in den Morgen und wachte mit einem Gefühl der Leere auf. Am Nachmittag würde Julia kommen. Romeo wußte nicht, ob er sich darauf freute. Über Nacht waren alle blutenden Wunden geheilt. Kein Schmerz war mehr da, kein verzweifeltes Aufbegehren, keine unstillbare Sehnsucht nach Julia. Nun war viel zuviel Raum in ihm, sogar für sie.
Um vier Uhr kam sie endlich, zu klein für ihr großes Gefolge. Sie sah wie ein blasses Aquarell in einem schweren barocken Rahmen aus. Sie gab Romeo die Hand, und sein Blick wich ihr aus, so sah er nicht, wie sie sich freute, weil sie noch lebte.
Frau Capulet lächelte im Hintergrund ein aufmunterndes und zugleich lähmendes Lächeln. Sie küßte ihn und sagte: »Mein Schwiegersohn!« Er roch ihr schweres tropisches Parfüm, und er fühlte sich angewidert und beleidigt, als wäre dieser Duft an Julia und als sollte er Julia küssen, obwohl sie so scheußlich roch. Sie hätte allein kommen sollen, dachte er — allein oder gar nicht. Was wollen die Leute von uns?
Den ganzen Nachmittag und bis in die Nacht hinein drehte sich alles nur um sie und um ihn. Frau Capulet hatte zwei ebenfalls duftende Schwestern, die der gute Ausgang dieser Liebesgeschichte zu ununterbrochenen ekstatischen Ausbrüchen hinriß, und alle rühmten laut die veränderten Zeiten, in denen Romeo und Julia glücklich sein durften. Romeo war das alles so unangenehm, als tappten fremde Hände über ihn und Julia. Er schaute sie an und stellte sich dabei vor, mit ihr nicht hier bei diesen Leuten, sondern weit weg zu

sein — am liebsten in ihrem Landhaus. Er suchte in ihren Augen einen ähnlichen Wunsch, doch Julia gab seinen Blick nicht zurück. Sie hörte gespannt den Gesprächen zu oder beteiligte sich daran mit glückseligem Eifer. »Stellt euch vor, wir wollten uns schon vergiften«, erzählte sie, und ihr vergnügtes Lachen verletzte Romeo tief. Alle stimmten in dieses Gelächter mit ein und wollten nicht glauben, was Julia ihnen verriet. Da glaubte Romeo es selbst nicht mehr.

Es dauerte nicht zwei Monate, sondern höchstens zwei Wochen, bis die Geschichte sich herumgesprochen hatte. Die Neugier einer gelangweilten Welt stürzte sich mit lärmender Freude darauf. Romeo und Julia wurden kaum noch allein gelassen. Man machte sie zum berühmtesten Pärchen im Land. Julia genoß ihren Ruhm, wogegen er Romeo peinlich war. Vergebens wünschte er sich eine stille Hochzeit. Er sah nicht ein, daß es wichtig war, welches Brautkleid Julia trug, ob eines aus Brokat, aus Brüsseler Spitze oder aus perlenbestickter Duchesse.

Julia lernte in diesen Tagen einen gereizten, sarkastischen Romeo kennen, und Romeo wunderte sich, wie eitel sie war. Sie war oberflächlich in ihrer Freude und tränenfeucht, wenn sie etwas durchsetzen wollte. Er hatte sie anders in Erinnerung. Eine reißende Strömung trieb sie von ihm fort, so daß er kaum noch mit Julia reden, geschweige denn ihr etwas zuflüstern konnte.

Drei Tage vor der Hochzeit erklärte er ihr, er werde, sobald dieser Rummel vorüber wäre, als Arzt in ein Notstandsgebiet — wahrscheinlich nach Indien — gehen. Julia wußte von diesen Plänen nichts. Romeo hatte mit ihr nie darüber gesprochen, weil andere Gespräche schöner gewesen waren und weil sich neben dem großen gemeinsamen Plan alles weitere Pläne-

machen erübrigt hatte. Julia erschauerte vor dem Gedanken, vielleicht in einem Bungalow wohnen zu müssen, in den nachts giftige Schlangen krochen, und mit Elend, Krätze und Schmutz in Berührung zu kommen. Sie wollte nicht sonntags in einer Kirche beten, in der es nur ein Kreuz aus Bambusrohr gab und in der es ganz gleichgültig war, was für ein Kleid man trug. »Ich werde deinetwegen nie aus Verona fortgehen«, sagte sie, und sie vergaß dabei, daß sie um seinetwillen sogar aus dem Leben fortgegangen wäre. Das war allerdings schon beinahe drei Monate her.
Romeo stieß hervor: »Ich mag dich nicht mehr.«
»Ich möchte am liebsten sterben«, jammerte Julia. Doch es war ihnen beiden, als könnten sie das nicht mehr, als seien sie vor einem Vierteljahr um ihren Tod betrogen worden.
Am selben Tag verschwand Romeo aus der Stadt. Er wurde noch einmal in Genua gesehen, dann verschwand er auch aus dem Lande, und niemand wußte, wohin. Julia heiratete nach Jahresfrist einen reichen Mann in reiferen Jahren, der ihr nichts anderes zumutete, als für ihn schön zu sein. Doch von Romeo hat niemand mehr etwas gehört, nicht in der Alten und nicht in der Neuen Welt, und das heißt wohl, daß es irgendwo zwischen diesen beiden Welten etwas gibt, das trotz Kolumbus noch immer unentdeckt ist.

Das Nesselhemd

Seit vielen Jahren wartete die Frau in dem Haus am Strom um die gleiche Tagesstunde auf ihren Mann, doch eines Abends wartete sie vergebens. Der Himmel verlor seine Farben, wurde aschgrau und dann schwarz. Noch immer war der Mann nicht heimgekommen.
Die Frau lag in ihrer Kammer und konnte nicht schlafen. Sie horchte, ob nicht Schritte näher kämen. Doch sie vernahm bis zum Morgen nichts als den Wellenschlag des Flusses vor dem Fenster. Tags darauf suchte sie in der ganzen Stadt nach ihrem Mann. Sie ging seinen täglichen Weg und fragte die Leute, mit denen er Umgang hatte, nach seinem Verbleib. Irgend jemand hatte zuletzt mit ihm gesprochen, ein anderer ihn noch von weitem gesehen. Dann verlor sich seine Spur.
Auch an diesem Abend und den folgenden wartete sie vergebens auf ihn, und unversehens ging eine Woche vorbei, ohne daß er wiedergekommen wäre. Noch hatte die Frau die Kraft, nach ihm zu suchen. Dann fing die Vergeblichkeit an ihr zu zehren an. Sie lebte weiter, doch sie erlebte nichts mehr. Der Sommer war an seinem Höhepunkt angekommen, der Fluß zog unter Schauern von Licht dahin, und sogar der Algenpelz auf den Ufersteinen schien zu blühen. Sie sah es und ahnte die Fülle der Welt, doch sie vermochte nicht daran teilzuhaben. Eines Nachts hatte sie einen

seltsamen Traum. Sie stand in ihrem Garten unter dem Schirmdach der großen Buche und hielt die Hand auf eine tödliche Wunde gepreßt. Ihr Leib war kraftlos, doch ihre Seele heiter. Sie fühlte in gleichem Maße Trauer und Glück. Ihr Mann war bei ihr und schaute sie an. Er fragte: »Was ist das für eine Wunde, aus der du so heftig blutest?«
Sie gab zur Antwort: »Das ist die Stelle, an der du dich von mir losgerissen hast.«
Er betrachtete voll Sorge ihre Hand, unter der es unaufhörlich rot hervorquoll. »Stirbt man daran?«
»Ich werde sterben. Warum bist du fortgegangen?«
»Ich wollte es nicht. Ich bin in einen wilden Schwan verzaubert und muß nun rastlos über die Erde fliegen.«
Sie erschrak und war stumm vor Erbarmen mit ihm. Nur ihre Augen fragten: »Was kann ich für dich tun?«
Er hatte es trotzdem gehört, denn im Traum nimmt die Sprache andere Wege als über den Mund und das Ohr. »Du darfst ein Jahr lang nicht reden«, erwiderte er. »Du mußt in unserem Garten Nesseln pflücken und mit den bloßen Händen ein Hemd daraus nähen. Nach Ablauf des Jahres wird drüben am Fluß ein großer, schöner Vogel stehen. Der bin ich. Du mußt auf ihn zugehen und das Nesselhemd über ihn werfen. Dann werde ich wieder ein Mensch sein und bleibe bei dir. Aber sprichst du bis dahin nur ein Wort, verlierst du mich für immer.«
Sie wollte ihn berühren, da entzog er sich ihr und verschwand. Sie fühlte, daß er noch nahe, doch nicht mehr erreichbar war. Er hinterließ eine leere Stelle im Raum, die sich mit einem kalten Schweigen füllte. Sie selbst befand sich in jenem Zwischenreich, in dem man immer noch träumt, aber schon weiß, daß es ein Traum ist. Wie einen wiederkehrenden Schmerz fühlte

sie ihr Erwachen. Dabei wurde etwas von ihr losgerissen und an das jenseitige Ufer geworfen, während sie diesseits die Augen aufschlug.
Eine Weile blieb sie still und benommen liegen, um ihren Zustand zu ergründen. Sie war wach und trotzdem nicht völlig in der Welt. Sie stand auf, zog sich an, wusch sich und kämmte ihr Haar. Dann verließ sie das Haus, um ihre täglichen Wege zu machen. Sie begegnete der Nachbarin und öffnete den Mund zum Morgengruß. Doch auf einmal schien etwas sie davon abzuhalten. Eine heimliche, doch dringliche Warnung kam ihr von irgendwoher zu und verschloß ihr den Mund. So nickte sie nur lächelnd, anstatt zu grüßen.
Danach erschrak sie und flüchtete eilig nach Hause. Sie fühlte sich wirklich und lebendig genug, um über sich selbst verwundert zu sein. Ich muß eine Nacht darüber schlafen, dachte sie und vermied es, an diesem Tag ein zweitesmal auszugehen.
Am folgenden Morgen hatte sich nichts geändert. Ihr Zwang zu schweigen war so stark wie gestern. Sie ging zum Fleischer und zum Bäcker und hatte ihre Wünsche auf ein Blatt Papier geschrieben. — Ich will versuchen, es eine Woche lang auszuhalten, sagte sie sich und kam mit sich überein, daß es nur ein Spiel sei. Aber nach Ablauf dieser Frist, als sie wieder zum Reden ansetzte, war es ihr, als sollte sie sich nun etwas aus dem Herzen reißen, das schon zarte Wurzeln geschlagen hatte. Und wieder brachte sie es nicht über sich. Ich will mich einen Monat lang bezwingen und sehen, ob es sich so leben läßt, nahm sie sich vor.
Es wurde eine schwere Prüfung für sie. Wo immer sie hinkam, traf sie anfangs auf Neugier und Mitleid, später aber auf unverhüllten Spott. Trotzdem spürte sie in dieser Zeit einen unerklärlichen Gewinn an Kraft und eine stetig wachsende Selbstgewißheit. Ihre

selbstgesetzte Frist war lange schon um, doch sie dachte nun nicht mehr daran, ihr Schweigen aufzugeben. Unversehens hatte sie das Schwierigste daran bewältigt, den Beginn.

Eines Tages ging sie in den Garten und pflückte mit bloßer Hand die Nesseln, die in den verwilderten Winkeln wuchsen. Und noch am selben Abend fing sie zu nähen an. Sie fügte geduldig Blatt an Blatt, zuerst ungeübt und durch Mißerfolge entmutigt. Bald aber lernte sie, die Blattränder durch feine Nadelstiche aneinanderzuhängen. Ihre Hände gewöhnten sich an den Schmerz, den die Nesselhaare ihnen zugefügt hatten. Waren sie anfangs wund und voller Blasen gewesen, so heilten sie nun und wurden empfindungslos gegen das Gift. So wuchs das Hemd in langer, mühsamer Arbeit. Wenn ein Blatt vernäht war, welkte es bald, wurde dürr und war nun noch zerbrechlicher als vorher. Abend für Abend saß die Frau im Lampenlicht und tat schweigend ihre mühevolle Arbeit.

An diesen Abenden kam oft ein unsichtbarer Gast. Er trat in das Zimmer, stellte sich neben die Frau und sagte zu ihr: »Ich will dein Schweigen kaufen.«

Sie lächelte unbestechlich und selbstgewiß.

»Du wirst sehen, dein Mann kommt nicht wieder«, sagte der Fremde. »Dein Opfer hat keinen Sinn. Du machst eine Närrin aus dir.«

Sie dachte: Sag, was du willst. Ich glaube dir nicht.

Obwohl sie ihn nicht sehen konnte, wußte sie, daß er näher kam. Alles an ihm war voll trügerischer Güte.

»Dann gib mir wenigstens das Stück, an dem du nähst.« Sie nähte weiter und schwieg.

»Warum vergeudest du deine Zeit mit Nesseln? Du könntest sie besser nützen. Du bist eine junge Frau.«

Sie fühlte Tränen in ihren entzündeten Augen, aber sie ließ sich keine Antwort entreißen.

»Wie unvernünftig du bist. Ich meine es gut mit dir. Alles Gold der Erde für ein einziges Wort.«
Nun lächelte sie schon wieder und erwiderte in Gedanken: »Nein, ich verkaufe mein Schweigen nicht und nicht mein Nesselhemd. Ich weiß, daß er wiederkommt.«
Danach verließ der unsichtbare Gast als Geschlagener das Haus, aber er gab nicht nach. An allen Abenden suchte er sie heim. Und wenn sie sich bei Tag auf die Straße wagte, liefen die Kinder johlend hinter ihr her. Sie bewarfen sie mit Steinen und schlugen mit Ruten nach ihr, um ihr einen Schrei oder ein Wort zu entreißen.
Niemand wußte, warum sie nicht mehr sprach. Die ihr Schicksal kannten, vermuteten, der Schmerz habe ihren Geist verwirrt. Auch hatten neugierige Leute über den Zaun gespäht und gesehen, wie sie Nesseln pflückte. Nach und nach wurde sie auch von jenen gemieden, die sie liebten und ihr wohlgesinnt waren. Sie war nun sehr allein.
Der Winter kam. Ihr Garten war tief verschneit. Die Bäume am Fluß überzogen sich mit Reif, und vom Wasser her wehte Nebel um das Haus. Die Frau legte das fertige Nesselhemd in die Lade und hatte nur noch zu warten. Der Winter wurde sehr lang. Sie stand oft beim Feuer, starrte in die Flammen und dachte: Wozu? Ihr Vorrat an Zuversicht, von dem sie sich nährte, schwand. Manchmal glaubte sie, er würde für das volle Jahr nicht mehr reichen. Dann überkam sie die Lust, auf die Straße zu laufen und zu schreien: »Da bin ich wieder! Hört ihr mich?« Sie fühlte, wie sie innerlich brannte, und malte sich ihren Rückfall ins Leben aus. Was würde dann sein? Ein Wehlaut in der Luft oder ein Donner wie von stürzenden Mauern? Oder würde sich überhaupt nichts ereignen?

»Wenn du nur ein Wort sprichst, verlierst du mich für immer.« Das war, wenn auch im Traum, ihres Mannes Stimme gewesen.

Manchmal fragte sie sich, ob sie nicht längst schon im Schlaf gesprochen und ahnungslos alles zunichte gemacht hatte. Je mehr Zeit verstrich, desto ängstlicher wurde sie. Immer größer wurde das Opfer, das auf dem Spiel stand und sinnlos werden konnte, wenn sie versagte.

Sie erwartete den Frühling, sah den Schnee im Garten schmelzen und die Erde braun hervortreten. Sie ging durch das blühende Gras. Ein Monat stand ihr noch bevor, dann nur noch sieben Tage und schließlich ein einziger. Als der letzte Morgen gekommen war, glaubte sie plötzlich an gar nichts mehr. Sie war müde und niedergeschlagen, unfähig, zu hoffen. Dennoch nahm sie zur Mittagsstunde behutsam das Nesselhemd aus der Lade und trug es zum Fluß. Mit jedem Schritt wuchs ihre Ernüchterung, als vollzöge sich jetzt erst das Erwachen aus ihrem Traum. Es war, als hätte sie ein Jahr lang geschlafen. Wie sollte sie sich zurechtfinden in der verwandelten Welt? Auf ihrem Gesicht lag ein bitteres Lächeln, das alle kommende Enttäuschung vorwegnahm. So erreichte sie das Ufer und trat hinter einen Baum. Sie sah das Wasser leicht und hell und gleichgültig über die Steine strömen. Wenn der Schatten des Baumes den Uferrand berührte, war Mittag.

Lange saß sie auf einem Stein und schaute still in den Himmel, der ganz leer war. Doch als der Schatten des Baumes das Ufer erreichte, rauschte es ihr zu Häupten auf, und ein großer Vogel senkte sich auf das Wasser. Er ließ sich zwischen den Steinen nieder und schaute sie aus seltsam menschlichen Augen an.

Langsam kam sie hinter dem Baum hervor. Der Vogel

flüchtete nicht und schien zu warten. Sie warf das Hemd über ihn, sah das Tier die Flügel heben und das brüchige Gewirke ins Wasser werfen. Dann schwang es sich auf und strich davon, einen Schrei wie ein Gelächter ausstoßend. Das Nesselhemd wurde von den Wellen erfaßt und trieb ein paar Sekunden leicht auf dem Wasser. Dann wurde es zerweicht und fortgerissen.
Die Frau saß auf den Steinen und starrte in die Luft, in der der große Vogel verschwunden war. Sie fühlte sich vollkommen leer und fand keine Worte, obwohl sie ihr nun nicht mehr verboten waren. Ermattet vor Scham und Enttäuschung, stand sie auf und ging auf ihr Haus zu — auf ihr weiterhin leeres Haus. Sie war bereit für den Einbruch der Bitterkeit, entschlossen, sie nicht mehr abzuwehren. Nicht hoffen und nicht glauben, dachte sie, das ist der richtige Zehrpfennig für die Welt.
Sie warf den Kopf in den Nacken und wollte nicht weinen. Da sah sie neben der Tür ihres Hauses eine Gestalt. Die löste sich aus dem Schatten und kam ihr entgegen, und sie erkannte ihren verschollenen Mann. Er kam mit müden Schritten auf sie zu. Sein Hemd war von einem stumpfen, bräunlichen Grün und sah auf den ersten Blick wie trockene Nesseln aus.
Die Frau blieb unter dem Schirmdach der Buche stehen, die Hand auf dem Herzen, und ließ ihn näher kommen. Wie damals stand sie an der Grenze zwischen Erwachen und Traum. Erst als er ganz bei ihr war und sie ihn berühren konnte, erst als es gewiß war, daß er aus Fleisch und Blut bestand, zerbrach sie das Siegel und sagte das erste Wort.

Die Geschenke des Herrn

In dem südlichen Land, wo Kleider dem Menschen nicht als Schutz gegen Kälte, sondern als Schmuck und als Zeichen der Würde dienen, standen zwei Männer vor den Toren des Palastes. Beide waren arm und trugen nur einen Lendenschurz am Leib. Sie hatten einander noch nie gesehen, doch sie waren zur selben Stunde gerufen worden, um von ihrem Herrn ein Geschenk entgegenzunehmen als Beweis seiner Huld. Nachdem sie eine lange Zeit gewartet hatten, erschien ein Diener, überreichte jedem von ihnen ein fest verschnürtes Bündel und verschwand, ehe sie Zeit fanden, ein Wort des Dankes auszusprechen. Sie öffneten ihre Bündel und sahen, daß sie das gleiche enthielten: kostbare Stoffe für Festgewänder, wie sie nur die Edlen des Landes ihr eigen nannten: golddurchwirkten Brokat, Zobelpelze, handgeklöppelte Spitzen, feines schwarzes Tuch, roten Samt und ein Stück weiße Seide.
Der eine der beiden Männer schaute lange auf das geöffnete Bündel nieder, schnürte es wieder zu und trug es wortlos fort. Der andere hingegen setzte sich vor das Tor des Palastes und breitete singend und jubelnd die fürstlichen Gaben vor sich aus. Er vergrub sein Gesicht in den Pelzen, küßte den roten Samt und wurde nicht müde, die weiße Seide zu liebkosen. Am Abend schlief er, erschöpft vor Freude, an Ort und Stelle ein und erwachte früh am Morgen, noch ehe die

Sonne aufging. Lange verharrte er vor den schweigenden Toren, hinter denen der Herr noch schlief, in entzückter Dankbarkeit.

Allmählich sickerte der Tag in die schattigen Falten der Erde. Menschen kamen am Palast vorbei. Er redete sie an und erzählte ihnen von seinem Glück: »Ich werde die weiße Seide auf meiner Haut tragen. Es wird in ihr kühl wie in einem Brunnen sein. Aus dem Goldbrokat werde ich mir Sandalen machen, und das schwarze Tuch werde ich als Gürtel um meine Hüften binden. Die Spitze hat für einen breiten Schulterkragen gerade das rechte Maß, und aus dem roten Samt werde ich mir einen Mantel machen, besetzt mit Zobelpelzen. Prächtiger als ich wird auch mein Herr nicht gekleidet sein.

Da öffnete sich um die zwölfte Stunde das Tor des Palastes, und der Diener kam heraus. Er sprach: »Mein Herr verlangt den golddurchwirkten Brokat zurück.«

»Dann muß ich aber ohne Sandalen gehen«, gab der Mann vor dem Palast erschrocken und traurig zur Antwort.

»Mein Herr nimmt dir nichts, was er dir nicht gegeben hat«, sprach der Diener, hob den Goldbrokat aus dem Sand und verschwand damit durch das Tor.

Lange Zeit saß der Beraubte verzweifelt vor seinem entwerteten Besitz. Jeden, der vorbeikam, fragte er: »Was nützt mir ein Mantel mit Zobelpelzen, wenn ich mit bloßen Füßen gehen muß?« Niemand gab Antwort. Da seufzte er tief und sagte zu sich: »In unserem Land versinken die Füße so tief im Sand, daß niemand sehen kann, ob ich Sandalen trage oder nicht.« Darauf lächelte er wieder, lehnte sich an die Mauer und dachte: Wenn ich eine Weile warte, schenkt mir der Herr vielleicht ein anderes Stück Brokat.

Mit dieser Hoffnung sank er zum zweitenmal in Schlaf und erwachte am frühen Morgen voll von entzückter Freude. Jedem, der vorbeikam, erzählte er von seinem Glück: »Die weiße Seide werde ich auf meiner Haut tragen. Da wird es kühl wie in einem tiefen Brunnen sein. Das schwarze Tuch werde ich als Gürtel um meine Hüften binden, und die Spitze hat für einen breiten Schulterkragen gerade das rechte Maß. Aus dem roten Samt werde ich mir einen Mantel machen, besetzt mit Zobelpelzen, und so werde ich wie ein Fürst über das Land schreiten. Meine Füße werden tief im Sand versinken. Niemand wird sehen, daß ich keine Sandalen trage. Ich brauche gar keine Sandalen. Ich brauche keinen Brokat.« Da öffnete sich das Tor des Palastes, der Diener kam heraus und sprach: »Mein Herr verlangt die Zobelpelze zurück, die er dir vor zwei Tagen geschenkt hat.«

»Aber mein Mantel wird ärmlich sein ohne Pelz«, erwiderte der Mann betroffen.

»Mein Herr nimmt dir nichts, was er dir nicht gegeben hat«, sprach der Diener, hob die Zobelpelze aus dem Sand und verschwand damit durch das Tor. Der Beraubte brach in Tränen aus. »Jeder wird nun sehen, daß ich kein Fürst bin. Was nützt mir ein Mantel aus dem Samt?«

Doch keine Stunde verging über seinem Schmerz, und er wußte sich abermals zu trösten: Ich werde noch eine Weile hier sitzen bleiben. Vielleicht tauscht mir jemand mein Stück handgeklöppelter Spitze gegen ein paar Zobelpelze ein. Wozu brauche ich einen Schulterkragen über meinem Seidenkleid? Niemand kann sehen, was ich unter meinem Mantel trage. Ich werde trotzdem wie ein Fürst über das Land gehen, den Nacken mit Zobel geschmückt und die Füße tief im Sand.

Mit diesem Gedanken schlief er glücklich ein wie am ersten Abend. Doch am nächsten Morgen kam der Diener und sprach: »Mein Herr kann dir auch die handgeklöppelte Spitze nicht lassen. Beklage dich nicht, denn er nimmt dir nichts, was er dir nicht gegeben hat.« Damit hob er das Stück Spitze aus dem Sand und trug es in den Palast zurück.

Der Mann vor dem Tore brach in lautes Wehklagen aus. Er fiel auf die Knie und rang die Hände, denn ihm schien, so viel, wie er verlor, habe er auch in der Stunde seines größten Reichtums nicht besessen.

Als er seinen Schmerz überwunden hatte, nahm er das schwarze Tuch, strich sanft darüber und betrachtete es lange. »Was für ein feines, weiches Tuch. Vielleicht findet sich jemand, der es mir für ein Stück Zobelpelz abnimmt. Es kann ja niemand sehen, ob ich einen Gürtel unter dem Mantel trage.« Damit war alles gut. Er schlief zufrieden ein.

Am nächsten Morgen breitete er den Rest seines Besitzes vor sich aus und redete die Vorübergehenden an: »Wer gibt mir ein paar Zobelpelze für ein feines schwarzes Tuch?« Er erntete nur Gelächter. Da flüsterte er, an die Mauer gelehnt: »Vielleicht schenkt mir der Herr bis zum Abend die Spitze und den Pelz und den Brokat zurück.«

Doch um die zwölfte Stunde kam der Diener und sprach: »Mein Herr verlangt von dir das schwarze Tuch. Und den roten Samt für den Mantel nehme ich auch mit.«

Der Mann vor der Mauer beklagte sich nicht mehr. Er saß still in der Sonne und hielt in der Hand das Stück Seide, das ihm von seinem Besitz verblieben war. Und als er sein Gesicht darin vergrub, spürte er, wie tröstlich kühl sie war. »Ich werde sie auf der Haut tragen«, sagte er mit schwachem Lächeln. Er legte sich in den Sand und bedeckte sich mit der Seide. Die Pfeile der Sonne verletzten seine Haut nicht mehr. Er schickte sich an zu schlafen. Sein Atem war leicht. Da fuhr ein heißer Windstoß über das Land, riß ihm die Seide vom Leib und wehte sie über die Mauer.

Der Mann stand benommen auf. Er hustete Staub und Sand, und er bemerkte, wie ärmlich sein Lendenschurz war. Still schaute er vor sich hin und dachte darüber nach, was für Möglichkeiten es wohl gäbe, noch in dem Nichts, das ihm verblieben war, wie ein Fürst über Land zu gehen. Und er sagte zu sich: Vielleicht schickt mir mein Herr bis zum Abend die weiße Seide zurück, die mir der Wind entrissen hat.

Wie er so Stunde um Stunde wartete, leise bangend, ob nicht der Diener käme, um ihn selber mitzunehmen hinter die schweigenden Tore, von wo er nie mehr wiederkäme, sah er, wie von fern ein Mann sich seinem Ruheplatz näherte. Er erkannte ihn als seinen Gefährten, der zur selben Stunde wie er das Geschenk aus dem Palast entgegengenommen hatte. Dieser Mann trug ein Bündel und ging mit müdem Schritt. Vor dem Tor blieb er stehen und fragte: »Du bist immer noch da?«

»Ja.«

»Auch ich bin zurückgekommen.«

»Was trägst du in deinem Bündel?«

»Meine Geschenke. Ich bringe sie zurück.«

Der Mann in der Sonne schrie auf: »Du bringst sie zurück?«

Der Mann mit dem Bündel nickte und gab zur Antwort: »Seit jeher habe ich mir einen blauen Mantel gewünscht. Doch der Herr hat mir ein Stück roten Samt gegeben. Was soll ich damit? Roter Samt gefällt mir nicht.«

Der Mann in der Sonne hob beschwörend die Hände.

»So nimm wenigstens die weiße Seide an. Mach dir ein Kleid daraus. Weiße Seide ist kühl.«

»Was nützt mir Kühle?« sagte der Mann vor dem Tor. »Ich habe mir einen blauen Mantel gewünscht. Was ich in den Händen halte, hat keinen Wert für mich. Ich könnte mir ein Gewand daraus machen, doch *mein* Gewand wäre es nicht. So habe ich nichts daraus gemacht und gebe es zurück.« Und er legte das Bündel vor das Tor, verneigte sich dreimal nach Landessitte und ging.

Der Mann in der Sonne hörte nicht auf zu flüstern: »Weiße Seide ist kühl. Roter Samt ist schön. Alle Fürsten tragen Mäntel aus rotem Samt.«

Da wurde er plötzlich gewahr, daß das Bündel des anderen noch immer unberührt im Schatten der Mauer lag. Keinem gehörte es mehr. So gehörte es ihm. Freudestrahlend ging er darauf zu.

Da öffnete sich das Tor, der Diener erschien, hob das Bündel auf, nach dem der Beraubte greifen wollte, und trug es hinter die Mauern des Palastes zurück.

Die Suche nach dem Horizont

Mein Vater hatte die Gabe, Dinge zu finden, die andere Leute weggeworfen hatten. Alte Hüte, löcherige Emailtöpfe und Tassen mit abgesprungenen Henkeln trug er nach Hause, um sie zu reinigen, zu löten oder zu kitten und in sein Besitztum einzugliedern. Er führte ein Leben, in dem nichts verlorenging — ein durch und durch rechtschaffenes, sparsames Leben. Er war ein kleiner Landbesitzer, zog es aber vor, sich Großbauer zu nennen. Mit Recht war er stolz auf sein Eigentum, das er zum großen Teil erarbeitet und erspart, zum kleineren Teil hier und da aufgelesen hatte.

Er liebte Kinder und hätte gerne viele Töchter und Söhne gehabt. Aber meine Mutter blieb kinderlos. Nicht einmal mich hat sie zur Welt gebracht. Ich lag eines Tages auf der Schwelle unseres Hauses, und wiederum war es mein Vater, der mich dort fand. Damit ist alles über meine Herkunft gesagt. Ich bin ein Findelkind. Genaugenommen weiß ich nicht, wer ich bin. Mein Eintritt in das Leben ist von Rätseln und Gerüchten umwittert wie die Ereignisse im Dämmerlicht der Urgeschichte. Ich weiß nur, daß mein Vater beinahe über mich gestolpert wäre und daß ich, als er mich aufhob, plärrend erwachte, daß ich ein überaus häßlicher Säugling war und daß ich wahrscheinlich von weit her stammte.

All diese Dinge erfuhr ich mit sieben Jahren — nicht

an meinem siebenten Geburtstag, denn einen Geburtstag hatte ich nicht. Der Tag, an dem jedes Jahr die Torte mit den brennenden Kerzen auf meinem Tisch stand, war mein Findetag, ein Tag ganz besonderer Art. Mein Vater sagte: »Du bist ein besonderes Kind. Nicht einmal ein König hat einen Findetag.« Und ich konnte mir nicht erklären, warum meine Mutter weinte. Wir trugen festliche Kleider, die Stube war groß und rein, vor dem Fenster blühten rote Nelken in Hängekästen, und aus den Obstbäumen kam der lustige Lärm der Stare.
»Wir wollten nicht, daß es dir andere Leute erzählen«, hörte ich meinen Vater sagen. »Du gehst jetzt schon zur Schule und bist groß genug, um die Wahrheit über dich zu erfahren. Selbstverständlich heißt du so wie wir. Wir haben dich adoptiert. Du bist unser Sohn.«
Ich erschrak. »Adoptieren« war ein gefährliches Wort. Es klang wie »operieren«, und das war unangenehm. Ich dachte an meine Blinddarmoperation im vergangenen Winter. Heimlich tastete ich mich ab, ob sie mir nicht wieder den Leib aufgeschnitten hatten, während ich ohne Besinnung gewesen war.
»Jetzt kannst du es noch nicht richtig schätzen«, warf meine Mutter schluchzend ein, »aber später, wenn du erwachsen bist —« Sie konnte vor lauter Weinen nicht weiterreden.
Ich brauchte tatsächlich noch einige Zeit, um zu verstehen, daß mein Vater nicht mein Vater und meine Mutter nicht meine Mutter war. Zwölf Jahre war ich schon alt und begriff es noch immer nicht. Damals machte mein Vater einen neuen Fund. Eines Morgens stand er vor dem Tor und rief lachend: »Kommt alle heraus und schaut euch das einmal an!«
Vor dem Tor stand ein Karren oder, besser gesagt,

eine Holzkiste, die auf dem Fahrgestell eines alten Wägelchens befestigt war. Auf dem Boden der Kiste lagen drei Regenschirme, aus denen die gebrochenen Speichen stachen. Auf den Schirmen saß ein braun und weiß gefleckter Hund mit einem runden Kopf und einem zottigen Fell. In einem Winkel des Karrens lag ein schlafendes Junges, ebenfalls braun und weiß gefleckt. Es schien dem Säuglingsalter entwachsen zu sein, doch seine Pfoten waren noch groß und weich, und sein Fell hatte einen feinen Seidenglanz.
Als mein Vater die Regenschirme berührte, kam aus der Brust des alten Hundes ein tiefes Knurren, das wie ein Grollen aus dem Inneren der Erde war. Doch die Augen des Tieres bewahrten einen Ausdruck tiefsten Vertrauens, einer blinden, traumbefangenen Ergebenheit.
Auf den Schirmen lag ein Stück Packpapier, doppelt gefaltet, mit ausgefransten Rändern. Es enthielt eine Botschaft, die an meinen Vater gerichtet war: »Bitte, behalten Sie den Hund. Er heißt Barry. Wo ich hingehe, kann ich ihn nicht mitnehmen.« Die Schrift war schwer und fehlerhaft, als hätte das Tier selbst mit großer Mühe die Zeichen auf das Papier gesetzt. Was mit dem Jungen geschehen sollte, war nicht einmal angedeutet. Klein und weich schlief es in seinem Winkel und sah wie eine verschämte Zuwaage aus. Mein Vater griff nach der Wagendeichsel und zog das wackelige Fahrzeug in den Hof.
Barry war zunächst in keiner Weise zum Verlassen des Karrens zu bewegen. Erst am Abend kam er auf die Schwelle des Hauses, um ein paar Knochen zu zermalmen, dann kehrte er wieder auf seinen Wächterposten zurück. Das Junge war ein viel lebendigerer Geselle. Es strolchte umher, beschnupperte Mensch und Tier, jagte Hühner und Gänse über den Hof und

kläffte den ganzen Tag aus allen möglichen Gründen. Die Tochter eines Feriengastes verliebte sich in den seidigen Irrwisch, bettelte uns das Junge ab und nahm es mit. Barry, die Hündin mit dem männlichen Namen, die Mutter des Kleinen, suchte es noch ein paar Tage, dann beruhigte sie sich und holte sich Trost bei ihren Regenschirmen, die sie von nun an um so inniger bewachte.

Die besagten Schirme waren der einzige Hinweis auf die Herkunft unseres neuen Hausgenossen. Ein Schirmmacher war zu der Zeit, in der der Wagen mit Barry vor unserem Hoftor gestanden war, in unserer Gegend gesehen worden. Danach war er spurlos verschwunden, wie derlei Leute immer verschwinden, ohne daß sich jemand darüber Gedanken macht. »Wo ich hingehe, kann ich ihn nicht mitnehmen.« Aber wohin war er wohl gegangen? Dies blieb ein Rätsel in Barrys Leben, das, wie mein eigenes Leben, geheimnisvoll war.

In den ersten Wochen bemühte sich mein Vater, seinen Fund auf irgendeine Weise zu verwerten. Da sein Jagdhund an der Staupe verendet war, wollte er Barry zum Jagen abrichten. Der Versuch scheiterte an der Schwerblütigkeit des Tieres. Barry war kein Jäger. Er war ein Wächter mit Leib und Seele. Oft schien es, als wartete er immer noch darauf, daß sein uns unbekannter Herr von seinem Rundgang von Haus zu Haus zu ihm zurückkäme und ihm dankbar über das Fell striche, weil alle Schirme noch im Karren lagen.

Barry wurde mein Spiel- und Wandergefährte. Er ging mit mir auf die Beerenschläge, er lag am Feldrain, wenn ich Bänder für die Garben drehte, und begleitete mich, wenn ich in den Wald Pilze suchen ging. Oft brachen wir am Morgen auf, wenn die Welt noch mit dichtem Nebel verhangen war, und spurten durch das kalte, harte Gras. Ich hörte den lauten, hechelnden Atem des Hundes an meiner Seite, ich sah Barry im Nebel verschwinden und wieder zu mir zurückkommen, ich hörte ihn durch das Unterholz brechen und schlafende Vögel aufscheuchen und fühlte mich beschützt, wenn ich das schwere Tappen seiner Pfoten auf dem Nadelboden des Waldes vernahm. Bald kannte er wie ich alle guten Pilzplätze, die Lichtungen, auf denen die Parasole standen, die hellen Laubwälder, in denen Brätlinge und Reizker wuchsen, und die feuchten Gräben, in denen es Steinpilze gab. Mittags brachte ich volle Körbe heim. Nachmittags stiegen wir in die heißen Beerenschläge. Der Hund verkroch sich im Jungholzschatten und schaute träge den blauen Schmeißfliegen zu, während ich meine Kannen mit Beeren füllte.

Seit Barry mich begleitete, durfte ich jederzeit in den Wald gehen. Meine Mutter verlor ihre Angst, mir könnte etwas zustoßen, und mein Vater freute sich über meine Liebe zur Natur, die er für eine Liebe zu Grund und Boden hielt. Er wußte nicht, daß es Unrast war, die mich hinaustrieb, ein Fieber, das ich noch nicht als Gefahr erkannte. Oft, wenn mein Hund auf unseren Wanderungen zu laufen begann und durch das Unterholz brach, jagte ich hinter ihm her und folgte seiner Fährte, durch Jungwald, über grasbewachsene Lichtungen, durch Senken, in denen Quellen rieselten und große Lattichblätter wuchsen. Wenn wir müde waren, gingen wir nach Hause, saßen schweigend neben Barrys Hundehütte und bewachten miteinander seine Regenschirme.

Wir saßen da an Julinachmittagen, wenn der enge Sommerhimmel vor Hitze gerann, wir sahen ferne Gewitter niedergehen, sahen sie näher rücken und fühlten die Böen der Stürme, die dem Regen vorauseilten, wir sahen die Erde nach schweren Wettern dampfen und sahen wunderbare Abende kommen. Damals entdeckte ich den Horizont. Ich bemerkte, daß alle Dinge in meiner Nähe aschgrau und verschwommen wurden, während drüben im Westen eine klare, leuchtende Welt war. Eines Abends brach ich mit Barry auf und wanderte mit ihm in dieses glasklare Leuchten hinein. Ich sah weit weg die Umrisse schwarzer Bäume, ich sah Wolken, dick und gelb wie Klumpen aus Bienenwachs, und Berge, wie aus Metall gegossen. Unter diesem reinen westlichen Himmel waren alle Gegenstände doppelt schwer, doppelt wirklich und bedeutungsvoll. Ich hatte das Gefühl, einem Leben nachzugehen, dem alles Flüchtige und Trübe entzogen war, so daß es süß und schwer am Grund eines tiefen, lichten, vollkommen ruhigen Luftmeeres lag.

Wir gingen auf die schwarzen Bäume zu, über eine Wiese, in der die Grillen sangen. Als wir die Bäume erreichten, brach die Nacht herein. Ich nahm Barry am Halsband und ging mit ihm heim. »Morgen«, sagte ich, »brechen wir früher auf. Wir müssen dort sein, bevor es finster wird.« Müde trotteten wir vor uns hin, und die Nachtluft wehte kalt übers Feld.

Am nächsten Tag wanderten wir stundenlang der sinkenden Sonne nach. Wir überquerten Landstraßen und Bachläufe, wir kamen an fremden Gehöften vorbei, und wieder sah ich die tiefe, lichte Luft, in die wir hineingingen, vor uns zurückweichen. Ich legte die Hand auf Barry und sagte: »Wieder nichts.« Dabei war mir im Grunde klar, daß ich den Horizont nicht erreichen konnte. Warum ich ihm trotzdem nachging, wußte ich nicht. Mir genügte das Gefühl einer großen Freiheit, das mich bei diesen Wanderungen überkam, und die leise Trauer beim Erlöschen des Lichtsaums über den Bergen.

An jenem Abend gingen wir nicht nach Hause, sondern schliefen in einer Heuhütte unter kratzenden, duftenden Halmen. Bei unserer Heimkehr am nächsten Morgen fand ich meine Mutter in Tränen und meinen Vater voll Zorn. Das erste und letzte Mal in meinem Leben bekam ich von ihm den Stock zu spüren, doch haben die Schläge mich nicht zur Vernunft gebracht. Immer wieder brach ich heimlich mit Barry auf, ging über Wiesen und Felder und Bachläufe westwärts, bis es Nacht wurde und ich schläfrig war und mit Barry in einer Heuhütte Unterschlupf suchte. Es waren herrliche, freie Nächte wie Nächte auf einem Schiff, das über den Ozean zieht und nirgends verweilt.

Die Verzweiflung und Erbostheit meiner Eltern wandelte sich in Befremden um. Einmal hörte ich, wie sie darüber sprachen, ob es richtig gewesen sei, mich zu adoptieren. Ein anderes Mal hörte ich unseren Melker sagen, ich sei krank, ich hätte den Wandertrieb, und das käme daher, daß ich ein Zigeunerkind sei. Ich erschrak, doch es war ein trotziges, beinahe triumphierendes Erschrecken. Auf unserer nächsten Wanderung vergrub ich meinen Kopf in Barrys Fell, beutelte ihn an den Ohren und flüsterte ihm zu: »Gib acht, Barry, daß sie dich nicht adoptieren.« Ich fühlte mich auf wunderbare Weise von der Welt verstoßen und abgesondert. Das Heu, in dem wir schliefen, war trocken und hart. Wir fuhren auf unserem Freibeuterschiff durch den Ozean der Nacht, ich, das Findelkind, und er, der Findelhund.

Das alles änderte sich mit der Zeit. Ich wurde älter und vernünftiger, und die Wanderungen mit Barry hörten auf. Mein Vater, der neue Hoffnungen schöpfte, schickte mich auf die Hochschule für Bodenkultur und ließ mich in den Semesterferien reisen. In diesen Jahren kam ich weit herum. Ich verdiente mein Reisegeld auf einer niederländischen Werft, in englischen Spinnereien, in einem portugiesischen Krankenhaus und auf dänischen Bauernhöfen. Nirgends hielt ich es lange aus. Nach ein paar Wochen packte ich jedesmal meine Koffer und setzte mich in den nächsten Zug oder wartete auf den Straßen, bis mich ein Auto mitnahm.

Da ich schon in dem Alter war, in dem der Mensch zuweilen über sich nachdenkt, fragte ich mich, woher diese Unrast kam. Ich hätte gerne gewußt, wer sie mir vererbt hatte. Meine Eltern, die gar nicht meine Eltern waren, konnte ich verstehen, weil ich ihre Herkunft kannte. Mich selber verstand ich nicht. Ich wußte nicht, wer ich war. In den Ferien fuhr ich mit meinem leichten Koffer immer noch für ein paar Tage heim. Wenn ich mich vom Bahnhof her unserem Hause näherte, kam mir ein langgezogenes, seltsam schwebendes Heulen entgegen. Barry fing meine Witterung auf und verströmte sein Entzücken in Gesängen. Unsere Liebe zueinander war ungetrübt.

Doch da auf Erden nichts Ungetrübtes Bestand haben soll, ist dafür gesorgt, daß Hunde ein kurzes Leben haben. Ich hatte gerade mein Schlußexamen abgelegt, als mein Vater mir schrieb, daß Barry einer Lungenentzündung erlegen war. Ich fuhr nach Hause. Es war ein kühler, sehr stiller Oktobertag. Zwergastern blühten im Garten. Ich stand am Fenster und schaute nach Westen, wo wachsgelbe Wolken über den Bergen schwammen.

»Was wird jetzt werden?« fragte mein Vater.

Ich sagte: »Ich weiß nicht, was jetzt werden soll.«

Ich spürte, daß er auf mich zukam. Nun stand er hinter mir und schaute über meine Schulter hinaus in das Blättertreiben. Er sagte: »Du wirst das alles einmal

erben. Aber ich bitte dich, geh nicht mehr von hier fort.«
Ich schloß die Augen: »Nein, nein. Ich bleibe bei euch.« In der Dunkelheit, die mich umgab, kamen die Dinge näher, meine Dinge, mein Haus, alles, was einmal mir gehören sollte. Meine Zukunft stand fest, ich ging auf sie zu, und sie rückte nicht mehr von mir fort. Ich erreichte den Horizont, und es sah dort wie überall aus.
Dann öffnete ich die Augen und sah die metallblauen Berge für immer entrückt im Sonnenuntergangslicht. Dort ging ein zottiges Tier im gefleckten Fell. Es überschritt die Linie, an der der Himmel die Erde berührte, aber es schaute sich nicht mehr nach mir um. — Wo ich hingehe, kann ich dich nicht mitnehmen. — Ja, ich weiß.
Mein Vater berührte meinen Arm. »Schau, wie schön die Zwergastern da draußen blühen!« — Und nach einem weiten Rückweg über Wiesen und Felder fand mein Blick die kleinen blauen Blüten, schon ganz in blaue Abendschatten getaucht.

Disteln im Beet

Ich frage mich heute oft, was aus Fritzi geworden ist. Sie hieß eigentlich Elfriede, doch niemand nannte sie so. Wäre sie unter einem anderen Stern oder vielleicht auch nur in einem anderen Elternhaus zur Welt gekommen, wäre wahrscheinlich eine Frieda oder gar etwas so Kostbares und Wohlbehütetes wie eine Elfi aus ihr geworden. Weil aber ihr Vater ein Fuhrmann war und weil sie schmutzige Haare hatte und mit Steinen warf und nicht grüßen konnte, sagte jedermann Fritzi zu ihr.
Sie war ein Kind, mit dem ich nicht spielen durfte, doch die Lehrerin hatte sie in der Schule zu mir gesetzt, damit ich ihr lerne, wie man Ordnung hält. Meine Hefte glichen gepflegten Gartenbeeten, darin schlanke, saubere Einser blühten und nur da und dort eine Zwei gleich einem Unkraut, das sich in die Gärten einschleicht und ausgejätet wird.
Fritzi sollte also von mir lernen, wie man es anstellt, daß die Zeilen geradelaufen, daß die Schrift nicht über die Ränder quillt und wie man das Löschblatt auflegt, damit die Buchstaben sich nicht verwischen und nachher aussehen, als ob sie in blauen Flammen stünden.
Am ersten Tag ignorierte ich Fritzi. Auf Geheiß der Lehrerin lieh ich ihr zwar mein Heft und bekam es mit Eselsohren und Flecken zurück, doch über diese rein dienstlichen Belange gingen unsere Beziehungen nicht

hinaus. Am zweiten Tag gab mir Fritzi unter dem Pult ein halbes Margarinebrot in die Hand, das ich nachher heimlich in den Papierkorb warf. Am dritten Tag schob sich während der Handarbeitsstunde Fritzis schmutzige Faust über die Schulbank zu mir. Als die Faust sich öffnete, kam eine Grille heraus. Sie bewegte sich nicht, nur ihre Fühler bebten. Ich hielt jederzeit für Ereignisse dieser Art einen kleinen spitzen Bravmädchenschrei bereit, doch als Fritzi den Finger auf den Mund legte und ich sah, wie ihre Augen glänzten, verwandelte er sich in ein träumerisches »Ah!«
Ich war so begeistert, daß ich an diesem Tag mit Fritzi von der Schule nach Hause ging, obwohl es mir meine Mutter verboten hatte. Zuerst aber gingen wir auf die Wiese, auf der sie die Grille erbeutet hatte. Da gab es Grillenlöcher in großer Zahl. Wir lagen auf dem Bauch und führten Halme behutsam in enge Erdröhren ein, aus denen alsbald eine Grille herausschoß, in der Absicht, uns in die Flucht zu schlagen.
Ich habe in meiner Erinnerung nicht das Gefühl, diese Beschäftigung lange betrieben zu haben, doch als ich Fritzi verließ und mich auf den Heimweg machte, war die Sonne schon im Untergehen. Meiner Mutter erzählte ich irgend etwas, was sie mir glaubte, nicht weil es glaubhaft war, sondern weil ich für gewöhnlich nicht log.
Ein paar Tage später verführte mich Fritzi, mit ihr »über den Berg« nach Hause zu gehen. Ich wendete erschrocken ein, über den Berg sei der Weg viel länger. Sie gab zur Antwort, das sei doch egal, und sie könnte nach Hause kommen, wann sie wollte. Da schämte ich mich, zuzugeben, daß dies bei mir daheim durchaus nicht egal war.
So begleitete ich Fritzi über den Berg. Wir kamen an den Tümpeln vorbei, in denen Frösche hausten. Ihre

Köpfe ragten wie kleine Inseln aus dem grünen Schleim, der das Wasser überzog. Sie ließen sich treiben und atmeten kaum, und die Sonne heizte auf sie nieder. Wir vertrieben uns die Zeit damit, mit Kieselsteinen auf die kleinen Inseln zu zielen und zu sehen, wie sie zur Seite zuckten, wie sie lange, dünne Beine bekamen und mit hastig pumpenden Schwimmstößen ins Seerosendickicht strebten.

Dann gingen wir weiter über den Berg, suchten Bucheckern vom vorigen Jahr im Laub und Erdbeeren auf den Rainen. Wir zogen Schuhe und Strümpfe aus und wateten durch den Bach talab und sahen einen schwarzen Krebs rücklings in seine Uferhöhle flüchten. Mehr war es nicht, was wir taten und erlebten, und doch kam ich erst nach Einbruch der Dunkelheit heim. Wer ermessen will, was das für mich hieß, muß wissen, daß dies zum erstenmal geschah, zum erstenmal in meinem Leben, und ich war immerhin elf Jahre alt. So war es keine glatte Lüge, als ich zu meiner Mutter sagte, ich hätte Bauchweh gehabt und sei über den Berg gegangen, um länger in der frischen Luft zu sein. Die einzige Unwahrheit bestand darin, daß das Bauchweh, auf das ich mich berief, nicht der Anlaß, sondern die Folge meiner Verspätung war.

Meine Mutter sagte nichts. Sie schaute mich nur lange an. Ob sie mir geglaubt hat, weiß ich nicht. Für Fritzi war es nun selbstverständlich, daß ich ihre Spielgefährtin war. Auf dem Heimweg von der Schule schloß sie sich mir ganz einfach an. Sie verführte mich kein zweitesmal, mit ihr über den Berg zu gehen, obwohl ich wünschte, sie möchte es doch versuchen.

Es war eine sehr riskante Sache, mich mit Fritzi auf der Straße zu zeigen und die Tatsache unserer Mesalliance vor aller Welt zur Schau zu stellen. Ich zitterte dabei und warf heimliche Blicke um mich, ob nicht irgend jemand es sah, der es meiner Mutter erzählen könnte. Fritzi hatte keine Ahnung von meinen Ängsten. Einmal, als wir uns trennten, fragte sie mich: »Darf ich heute zu dir spielen kommen?« Ich sagte erschrocken, ich käme lieber zu ihr, und Fritzi war einverstanden. Sie dachte sich nichts dabei.

Um mein Versprechen halten zu können, mußte ich zum drittenmal lügen. Diesmal erzählte ich meiner Mutter, ich sei bei Elfi Burkhard eingeladen, der Tochter unseres Distriktsarztes, die meine legitime Freundin war. Es war meiner Mutter nicht bekannt, daß ich damals auf Elfi Burkhard böse war. So ließ sie mich gehen, und ich lief, teils erleichtert, teils von Gewissensbissen gequält, in das Fuhrmannshaus.

Es begann eine Zeit, die mit ihren Heimlichkeiten, ihren Freuden und Ängsten und Verzauberungen alle Kennzeichen einer verbotenen Liebe hatte. Ich bin mir nicht sicher, was es war, das mich immer wieder in Fritzis Nähe zog, ob der Topf voll Wagenschmiere, von dessen Inhalt sie mir an besonderen Tagen einen Salbentiegel voll mit nach Hause gab, oder der Stall, in dem die Pferde standen, umwölkt von stechenden Ammoniakdünsten, oder der Wagenschuppen, in dem an rostigen Nägeln rostige Reifen und alte Hufeisen hingen. Nur eines weiß ich gewiß: Wenn ich dort war, entglitt mir die Zeit, und ich holte Jahre meiner Kindheit in einer einzigen Stunde nach.

Unterdessen geschahen bedenkliche Dinge mit mir. Zum Beispiel fingen sich in meinen Heften die Zeilen meiner Schrift zu biegen an, und die Buchstaben standen allmählich wie schiefe Zäune da. Meine Finger, die immer so sauber gewesen waren, waren auf einmal mit Tinte beschmiert, desgleichen die Deckel meiner Hefte und Bücher. Ich aber dachte mir nichts Schlimmes dabei. Erst als eines Tages in meinem Heft

die erste schlechte Note prangte, häßlich und prall wie ein Giftgewächs, wunderte ich mich doch ein wenig.
Ich konnte mein Doppelleben lange führen, weil ich einen großen Kredit an Vertrauen hatte. Ich galt zu Hause als ein Mechanismus, der ohne Wartung präzise lief, und da meine Mutter aus diesem Grund fast nie einen Blick in meine Hefte warf, wußte sie noch nichts von dem Unkraut in ihnen.
In der Zwischenzeit gedieh die Sache mit Fritzi bis zu jenem Punkt, den man als kritisch bezeichnet. Dies hatte, wie meistens, seinen Grund in der bewußten entscheidenden Frage. Es geschah an einem Nachmittag, an dem wir hinter dem Pferdestall über den Graben sprangen, durch den die Jauche abfloß. An seinem Rand wuchsen Nesseln, und es kam darauf an, so viel Schwung zu holen, daß man sie übersprang. Hier konnte ich von Fritzi etwas lernen. Nie würden mir solche Sprünge gelingen wie ihr. Ich glaube nicht, daß sie mich jemals so sehr um meine schöne Schrift beneidet hat wie ich sie um die Weiten, die sie erzielte. Ich war so tief beeindruckt, daß ich zu ihr sagte, Elfi Burkhard könnte sicher nicht so weit springen, und überhaupt sei ich böse auf sie und müsse mir eine andere Freundin nehmen. Dann holte ich Schwung und sprang, und während ich noch in der Luft über der Jauche und den Nesseln schwebte, hörte ich Fritzi zu mir sagen: »Nimm mich!«
Ich erschrak so sehr, daß ich eine Bruchlandung machte. Ich überschlug mich in den Nesseln und spürte, wie höllisch sie brannten. »Nimm mich zur Freundin«, sagte Fritzi arglos und heiter. Ich rappelte mich auf und kniete nun im Gras, und das war, als kniete ich vor einem Altar und als würde gleich jemand sagen: »Bis daß der Tod euch scheidet.«
Ich war ein Kind und wußte noch nicht, was es heißt,

sich zu jemandem zu bekennen. Doch auch vom Lavieren und Ausflüchtesuchen wußte ich noch nicht viel. So sagte ich weder ja noch vielleicht. Ich sagte: »Ich darf nicht mit dir spielen.«

Fritzi war mir nicht böse. Sie hatte Verständnis für mich. Sie hat auch nie versucht, mir die Abfuhr heimzuzahlen. Ich glaube, sie fühlte sich gar nicht zurückgewiesen, weil sie keine Gunst erbat, sondern eine vergeben wollte.

Ich kam von nun an nicht mehr zu ihr, und sie ging nicht mehr mit mir von der Schule heim. Eine Zeitlang saß sie noch neben mir und bot mir manchmal unter dem Pult ein halbes Margarinebrot an, dann beschloß eines Tages die Lehrerin, sie wieder von mir wegzusetzen. Gewiß sah sie ein, daß es sinnlos war, neben einem Distelacker Gemüse zu pflanzen und zu hoffen, daß Kohl und Radieschen hinüberwandern und das Distelgestrüpp verdrängen könnten. So wurde Fritzi wieder in die letzte Bank gesetzt.

Nach ein paar Wochen ging in meinen Heften wieder die edle Saat der Einser auf, am Anfang noch spärlich, dann immer dichter, bis alles wieder in Ordnung war. Ich söhnte mich mit Elfi Burkhard aus, und ich habe sie auch jetzt, nach Jahrzehnten, noch gern, obwohl sie nicht über Jauchengräben springt und mir keine Wagenschmiere schenkt. Doch ich frage mich oft, was aus Fritzi geworden ist. Sie kann nicht mehr wie früher sein, denn dann wäre für sie wahrscheinlich kein Platz auf der Welt. Ich befürchte viel eher, daß sie ihre unbedingte Kindheit in barer Münze zurückzahlen muß — mit einem unbedingten Erwachsensein. Nur in gewissen Augenblicken, wenn ich meines geordneten Lebens müde bin, stelle ich mir vor, daß sie außerhalb der Welt auch heute noch in herrlicher Freiheit wohnt, und mir ist es nicht erlaubt, mit ihr zu spielen.

Der Schatz im Kachelofen

In diesem heißen, trockenen Sommer war der Wasserstand des Stausees so tief, daß man die Dächer der Häuser von Sankt Margareten sah. Vom Schulhaus, das auf einem Hügel gestanden war, ragte sogar das ganze erste Stockwerk aus dem Wasser. Seine ehemals weißen Mauern sahen bleich und grünlich aus. An den losen Fensterbalken rüttelte der Wind.
Etwas Totes kam aus dem Wasser, das seit Jahren ertrunken, begraben und vergessen gewesen war. Die früheren Bewohner dieser Häuser, die jetzt von den neuen Höfen an den Ufern des Sees auf ihr altes Dorf hinunterschauten, taten einen Blick wie in ein offenes Grab.
Sie hatten ihr Dorf schon vergessen gehabt und waren sogar froh, daß sie nicht mehr darin wohnten. Es lebte sich leichter in einem neuen Haus, und Heimat konnte überall sein, nur nicht am Grunde eines Sees. Und nun ragte Sankt Margareten noch einmal aus dem Wasser, als wüßte es nicht, daß es die Pflicht der Toten ist, für immer versunken zu sein und nie mehr aufzutauchen. Die Uhr der Kirche zeigte auf zehn Minuten vor drei, doch niemand hätte mehr sagen können, ob es Tag oder Nacht gewesen war, als das Wasser vor zwei Jahren in ihr Triebwerk gedrungen war und es für alle Zeit angehalten hatte.
In dem Haus gegenüber der Kirche hatten Franz und Florian gewohnt. Franz war damals sechs Jahre alt

gewesen, sein Bruder um zwei Jahre jünger. Sie waren noch zu klein gewesen, um an irgend etwas zu hängen, als sie aus ihrem Haus hatten ausziehen müssen. Nur Franz dachte noch manchmal an seine Edelsteine, eine Sammlung von bunten Glasscherben in einem Pappkarton, den er im Ofenloch aufbewahrt hatte. Beim Auszug war dieser Schatz vergessen worden, und Franz hatte ein paar Stunden um ihn geweint. Doch es war schon zu spät gewesen, ihn zu holen. Die Häuser wurden bereits unter Wasser gesetzt. Nun kamen sie wieder ans Licht und weckten Erinnerungen, fachten die Neugier an und verhießen ein Abenteuer, und eines Nachmittags schwammen die beiden Brüder hinüber.

Sie umschwammen den Kirchturm. Er war immer noch weiß und sehr hoch. Und doch sah er gebrechlich, krank und aufgeweicht aus, als könnte er bei der leisesten Berührung zerfallen. Aus den Mauerfugen wuchsen schleimige Algenbüschel. An der Luft waren sie zu braunem Filz verdorrt und ließen den Turm verlottert und bärtig erscheinen. Er war von tiefen Rissen durchzogen. Ganze Platten von Mauerverputz waren abgeplatzt. Doch auch auf den nackten Ziegeln wuchsen Algen, bereit, sich darauf zu vermehren und die Wunden zu schließen. Den beiden Brüdern gefiel es hier. Sie tauchten und schnauften und schlugen mit den Beinen Gischt, und als sie dessen müde waren, schwammen sie zu ihrem Haus. Sie erkletterten das Dach und zwängten sich durch die Luke und befanden sich plötzlich im Bodenraum, in dem noch knöcheltief das Wasser stand. Sie wateten vorsichtig hin und her, fühlten weichen Schlamm zwischen ihren Zehen, sahen im Licht, das durch das Fenster fiel, einen Schwarm von glasigen Fischchen flüchten und vergaßen vor Befangenheit das Reden.

Als ihre Augen sich an die Dunkelheit gewöhnt hatten, konnten sie über sich den Dachstuhl sehen. Durch viele kleine Löcher fiel Licht, und Algenbärte hingen von oben wie phantastische Spinnennetze herab. Die Brüder wateten durch Nester von Wasserpflanzen, die, ihres Haltes beraubt, flach und schlaff auf den Schlammbänken lagen. Es roch nach Moder und Schlick und nach nassem Holz, ganz anders, als es vor ein paar Jahren im Bodenraum gerochen hatte. Damals war hier unter dem Dach ein seltsam heißer Geruch gewesen, ein staubiger Geruch, der die Nase trocken machte. Im Winkel neben dem Kamin war eine Falltür gewesen. Sie sahen sie offenstehen. Ihr Deckel war zottig grün. Ein längst verrosteter, in die Mauer geschraubter Riegel war darüber geschoben und hielt sie fest.
Sie näherten sich ein wenig ängstlich dem Loch, das in die Tiefe führte, und starrten hinein. Es war nichts zu sehen als zwei, drei Stufen der Treppe, die hinunter führte, und ein kleines Stück des Geländers. Darunter war es schwarz wie im tiefsten Brunnen. Sie wußten, daß unten der große Vorraum lag. Auf seiner rechten Seite ging es in den Schlafraum der Eltern. Gegenüber war die große Stube gewesen, mit den vielen Fliegen und dem Geruch nach Fliegenleim. Franz erinnerte sich an den Tag, an dem der Vater hereingekommen war, und an sein blasses Gesicht, als er sagte: Sankt Margareten wird unter Wasser gesetzt. Der kleine Knabe hatte geglaubt, sie würden von nun an wie die Fische leben, leicht und fröhlich in einem klaren, tiefen See. Er freute sich daher, als der Vater erklärte, ihn brächten sie nicht von hier fort, denn hier sei er aufgewachsen, und hier gedächte er auch sein Leben zu beenden.
Dann waren sie trotzdem fortgegangen. Es waren

wunderbare Tage gewesen. Auf dem Hof waren Möbel und Hausrat gestanden, und die Lastwagen hatten Lärm gemacht. Die aufgescheuchten Hühner wußten nicht, wie ihnen geschah, und vergaßen vor Kopflosigkeit das Eierlegen. Die Kühe rissen an ihren Ketten, und der Hofhund bellte Tag und Nacht, bis alles vorüber und ihre Heimstatt verlassen war.

In dem neuen Haus am Bergeshang waren alle wieder zur Ruhe gekommen, die Hühner, die Kühe, der Hund, und mit der Zeit auch die Menschen. Sie begannen zu bemerken, daß hier weniger Fliegen waren als im Tal, daß das neue Dach aus Eternit nicht mehr so oft geflickt werden mußte wie das alte, schon schadhaft gewesene Ziegeldach, daß es nie mehr aus dem Silo der Nachbarn stank und daß sie es auch sonst viel besser hatten. Nur die Kinder vermißten noch dies und das, zum Beispiel den alten Kachelofen, durch dessen buckligen, zerrissenen Leib im Winter das Feuer geleuchtet hatte. Auch mancherlei Gerümpel und altes Spielzeug war im Hause zurückgelassen worden, vor allem die Edelsteine im Ofenloch.

Beim Hinundherwaten stießen sie noch hier und da auf ein altes verrostetes Ofenrohr, einen Lampenschirm aus grünem Porzellan oder eine Waschschüssel mit ausgesplittertem Email. In einem Winkel schwamm ein Brett, aus dem ein daumenlanger Nagel ragte. Die Buben näherten sich abermals der Falltür und lugten in die schwarze Tiefe hinab.

»Ob er noch unten ist?« fragte Franz.

»Wer?«

»Der Schatz im Kachelofen.« Und er erzählte von seinem vergessenen Eigentum. Nachher blieben sie eine Weile stumm, dann meinte Franz, er müsse hinuntertauchen, und als er es aussprach, tat er es schon.

Florian schaute ihm nach. Er sah die Beine seines

Bruders, dann sah er nur noch einen bleichen Schein im schwarzen, schwappenden Wasser verschwinden. Ein paar Luftblasen stiegen auf, dann blieb es lange still. Florian hockte sich neben das Loch und wartete geduldig auf Franz, der ihm Edelsteine heraufbringen würde. Es dauerte recht lang, und sein Bruder kam nicht. Im Schlamm fand Florian einen Stein. Er hob ihn auf und ließ ihn ins Wasserloch plumpsen. Vielleicht verstand Franz das Zeichen, das er ihm geben wollte, nämlich, daß er wieder heraufkommen sollte. Als sich abermals nichts rührte, rief er: »Franz!« und wieder: »Franz!« Seine Stimme hallte.
Dann setzte sich Florian hin und häufte Schlick auf seine Knie und dachte: Jetzt ist er noch immer nicht da. »Franz!« rief er wieder in die Tiefe. Dann wurde ihm auf einmal kalt. Er sehnte sich danach, hinaus in die Sonne zu schwimmen, aber das ging nicht, Franz war ja noch da unten. Florian stand auf und betrat eine Treppenstufe. Hier blieb er eine Weile stehen und schaute auf seine beiden Füße, die weiß und durch die Brechung seltsam vergrößert waren. Er riß ein Büschel Wasserpflanzen aus und betrachtete es gedankenverloren. Eine winzige Schnecke klebte darauf. Er las sie ab und zerdrückte sie zwischen den Fingern. Die Stufe, auf der er stand, war schleimig und weich. Er erschauerte plötzlich und flüchtete aus dem Loch.
Wieder saß er und wartete. Die Zeit verging. Noch einmal rief er seines Bruders Namen, und als keine Antwort kam, fing er zu weinen an. Er versuchte sich vorzustellen, wo Franz geblieben war, und sah ihn im Geist neben dem Kachelofen sitzen. Er hatte die Augen geschlossen und schlief, und kleine schwarze Fische umschwärmten ihn wie Fliegen.
Als abermals viel Zeit verstrichen war, stand Florian auf und trat an die Dachfensterluke. Er schaute zur

Kirche und dann zum Schulhaus hinüber, sah die weiße, algenbärtige, verlotterte Wand und hörte den harten, trockenen Knall, der entstand, wenn der Wind die Fensterbalken gegen die Mauern schlug. Die Dämmerung war schon hereingebrochen. Von überallher wehte es auf einmal kalt. Florian fühlte einen Schmerz in seinen Füßen, der vom Ziehen und Saugen des kalten Wassers kam. Er legte die Hand auf den Rand der Luke und versuchte einen Klimmzug zu machen, aber er hatte nicht genug Kraft in den Armen.
Es war nun schon sehr finster im Bodenraum. Vom Dach hingen die verdursteten Algen herab. Draußen verstärkte sich der Wind und machte Wellen auf dem Wasser. Am grauen Himmel stand ein weißer Mond. Ganz nah wies die Kirchturmuhr unbeirrbar die dritte Stunde. Es dämmerte schon, die ersten Sterne kamen. »Franz«, flüsterte Florian, doch er schaute sich nicht mehr um. Er hatte Angst vor den schwarzen Algenbärten. Plötzlich erschrak er und wich von der Luke zurück. Über dem Wasser war ein Geräusch, das er nicht kannte. Er warf sich zu Boden, griff in die Wasserpflanzen, schrie vor Ekel auf und flüchtete abermals an die Luke, und nun erkannte er das fremde Geräusch: Drei Wildenten flogen vorbei, ganz nahe über dem See. Der überstandene Schreck gab ihm die Kraft, sich bis an die Brust am Lukenrand hochzuziehen. Ein Ruck noch, dann war sein Oberkörper draußen, und seine Beine schoben mit aller Kraft nach. Er spürte einen Schmerz und achtete nicht darauf. Keuchend gelangte er auf das Dach und hockte sich nieder. Lange betrachtete er seine schlammigen Hände, seine aufgeschundenen Beine, aus denen ein Blutbächlein quoll, und die weiche, ausgelaugte Haut an seinen Füßen. Er saß verschüchtert da und wartete auf ein Zeichen, vielleicht auf eine Stimme, die sagte:

»Nimm mich mit.« Aber der einzige Laut, den er hörte, war das Knattern der Wildentenflügel in der Ferne. Da ließ er sich in das Wasser gleiten und fing ohne Kraft zu schwimmen an. Er sah den grauen Himmel, sah weit weg ein Licht, und ihm war, als müsse er schwimmen bis ans Ende seines Lebens und könnte doch das Ufer nie erreichen.

Auf Widerruf

Es war an einem Nachmittag im August. Die Luft war dunstig und drückend und roch nach Kaffee. In der offenen Tür, die in den Garten führte, stand mein großer Bruder Nikolaus. Ich sah seine flache schwarze Gestalt und den Schatten, den er in das Zimmer warf. Sein Gesicht konnte ich nicht sehen, da es dem Garten zugekehrt war.
So fremd war mir Nikolaus geworden. Das kam wohl daher, daß ich ihn vor fünf Jahren zum letztenmal gesehen hatte. Damals war er ein zwanzigjähriger, wacher junger Mann gewesen, der gern gefüllte Tomaten aß und Landarzt werden wollte.
Noch früher, in unserer Kinderzeit, hat er mir das Schwimmen beigebracht. Wir standen an einer tiefen Stelle im Fluß, an der das Wasser Nikolaus bis zur Brust, doch mir ganz sicher über den Scheitel reichte. Ich fühlte seinen kräftigen Arm, der mich stützte. Ich mißtraute dem Wasser. Es war unverläßlich und weich. Zwar versicherte mir mein Bruder, daß es mich tragen werde, doch ich fühlte, daß das unmöglich war. Ich würde fallen wie durch Luft, wie durch Nichts, wenn mein Bruder mich losließ. Ich mußte nicht schwimmen, sondern fliegen lernen.
Ich machte Tempi und schnaufte. Da entzog er mir seinen Arm. Ich sackte ab und schlug mit Armen und Beinen um mich. Und dann trug mich das Wasser auf einmal doch, oder, um es genauer zu sagen, es ver-

zichtete nur darauf, mich zu verschlingen — doch nur so lange, das spürte ich, wie ich mich dagegen wehrte, unterzugehen. Es trug mich auf Widerruf.
Einige Male nahm mich mein Bruder auch mit, wenn er mit seinen Freunden zum Fußballspielen ging. Ich durfte den Ball in das Spielfeld werfen, wenn er ins Out geflogen war, ich sah meinen Bruder rennen und rempeln und sich am Boden überschlagen. Und manchmal sah ich etwas, was die anderen nicht bemerkten, nämlich daß Nikolaus mit einem Lächeln, als ob er sich freute, dem gegnerischen Klub den Ball überließ oder die Chance nicht wahrnahm, ein sicheres Tor zu schießen.
Heute rede ich mir ein, ich hätte schon damals gewußt, daß er ein ganz anderer, ein Unbegreiflicher war. Ganz sicher wußte ich dies freilich erst, als Nikolaus in den Orden eintrat, damals, als ich das Lehrerinnenexamen machte. Seither lebten wir uns auseinander, weil ich seine Handlungen nie ganz gebilligt habe. In diesem Sommer stand ich vor meiner Hochzeit, und er wollte als Missionar nach Afrika gehen.
Der Augenblick, in dem ich ihn ansah und er mich nicht, war ein Teil eines langen Abschiednehmens, eine Sekunde ratlosen Schweigens zwischen einem Menschen, der etwas nicht begreifen, und einem anderen, der es nicht erklären kann.
»Bedenke doch, was du aufgibst, Nikolaus!« Meine Worte blähten sich in der Stille auf. Ich fühlte, wie leer sie waren, da Nikolaus schwieg, und wünschte, ich hätte etwas Gewichtigeres gesagt.
Ich trat neben meinen Bruder. Er legte den Arm um mich, behutsam wie ein Gesunder, der einen Kranken führt. Ich war ärgerlich über diese unangebrachte Schonung. Wir gingen in den Garten, der schön und neu und noch nicht ganz fertig vor unserem neuen

Haus lag. In einer Ecke sah ich zwei Gärtner arbeiten. Sie grüßten uns, als wir vorübergingen. Wir gingen am Haus vorbei, an den großen, leeren Fenstern, an denen noch keine Gardinen hingen. Es roch nach Kalk und frischem Lack.
»Du hast ja Gerhard«, sagte Nikolaus. »Mich brauchst du jetzt ja gar nicht mehr.« Und damit hatte er eigentlich recht. Ich konnte Nikolaus ohneweiters entbehren. Schon heute abend würde Gerhard wieder bei mir sein, wir würden wie jeden Tag beieinandersitzen, Prospekte durchblättern, Möbelpreise vergleichen und uns über die Farben von Teppichen und Sitzgarnituren beraten. Wenn jemand allein blieb, so war das Nikolaus. Doch er hatte sich selbst diese Einsamkeit ausgesucht.
Wir traten auf die Straße und gingen den Zaun entlang. Ein junger Handwerker war damit beschäftigt, die rohen Latten mit brauner Beize zu bepinseln. Ich warf einen stolzen, verliebten Blick auf unser Besitztum.
»Ihr seid glückliche Leute«, sagte Nikolaus. »Ihr heiratet und habt schon ein eigenes Haus. Weißt du, daß du bevorzugt bist?« — »Ich weiß es«, sagte ich. »Das ist mir vollkommen klar.«
Ich war bereit, jedem Menschen einzubekennen, daß ich glücklich war und kein anderes Leben wollte. Vielleicht war ich einfach zu glücklich, um Nikolaus zu verstehen.
Wir gingen weiter, ich hängte mich bei ihm ein, und Nikolaus entzog mir seinen Arm. Er tat es unwillkürlich, gedankenlos, doch ich hatte das Gefühl, noch ein Stück von ihm zu verlieren. Es war ein gewohnter Verlust, der mich nicht mehr kränkte, denn an die Stelle der Liebe zu meinem Bruder war schon lange ein Gemisch aus Ehrfurcht und Mitleid getreten.

Manchmal beneidete ich ihn sogar, doch nur um das, was er war, und nicht um sein Leben. Wahrscheinlich gehörte er zu den Menschen, denen Gott ein Zeichen gegeben hatte, und ich gehörte zu denen, für die er schwieg. Ich hätte Gott gerne geliebt, doch wie konnte ich das, da er keine Gestalt und keine Stimme hatte und mir keinen Schritt entgegenkam? Es gelang mir nicht, ihn zu lieben, wie man etwas Lebendiges liebt. Mein Bruder erzählte mir von seinen Plänen. Er sprach, er lachte, ich sah, wie begeistert er war. Wir kamen zu einer Mauer, die ein großes Grundstück begrenzte. Dahinter war ein Garten mit Apfelbäumen.
Wir setzten uns auf eine Bank an der Mauer. Ich lehnte mich an den sonnenwarmen Stein. In Nikolaus' Stimme war der gleiche Ton wie in der meinen, wenn ich von Gerhard sprach. Er erzählte mir von seiner Mission, von der Schule, die sie bauen wollten, der Kirche und dem neuen Krankenhaus. Er skizzierte den Grundriß der Kirche in den Sand, und ich dachte: Auch das wird ein Haus, auf das sich jemand freut.
»Es gehen auch Frauen hinunter«, sagte er, »Krankenschwestern oder Lehrerinnen so wie du. Für dich wäre das natürlich nichts.« Er lachte, es war sicher nicht bös gemeint. Doch für mich war Hochmut in diesem Lachen. Ich fühlte mich verletzt und herabgewürdigt. Es war, als prahlte er mit seiner Kraft.
»Du hast kein Recht, so zu lachen«, sagte ich. »Warum soll ich so selbstlos wie diese Frauen sein? Ich bin nicht beauftragt worden, irgendwohin zu gehen, und habe keine Stimme im Dornbusch gehört. Was du tust oder was diese Frauen tun, ist sicher ein Beweis für Seelenstärke. Doch der eine bekommt sie geschenkt und der andere nicht.« — »Es macht stark, zu wissen, daß Gott lebt«, sagte Nikolaus mit seiner trockenen Stimme.

»Ja, wenn man es weiß. Wenn man dessen sicher ist. Doch woher nimmst du diese Sicherheit? Hat *er* sie dir nicht gegeben?«
»Ja, wahrscheinlich.«
»Siehst du, und mir ist er sie schuldig geblieben. Das Glaubenkönnen ist bestimmt ein Talent so wie das Malen oder das Komponieren. Wie ließe es sich sonst erklären, daß es dir so leichtfällt und mir so schwer?«
»Es fällt mir gar nicht so leicht«, erwiderte Nikolaus. Ich schaute ihn zweifelnd an. »Das sagst du nur so. Oder nicht? Wäre ich anders als du, wenn ich deine Begabung hätte? Wenn du willst, können wir es auch eine Berufung nennen. Für andere läßt Gott Rosen schneien, damit sie seiner sicher sind. Ist das ein Verdienst, wenn solche Menschen Heilige werden?«
»Und wenn er Rosen schneien ließe, eigens für dich?«
Ich dachte nach, denn ich wollte ehrlich sein. — Wenn er Rosen schneien ließe? Das täte er nie für mich. Wie käme er dazu, es mir so leichtzumachen und mir ein Leben ohne Zweifel zu schenken wie seinen Lieblingskindern, zu denen ich mich nicht zählte?
»Wenn er das wirklich täte«, sagte ich, »dann ginge ich mit dir in deine Mission.«
»Das könntest du?«
»Natürlich könnte ich das. Ich habe dir doch gerade erklärt, warum.«

Ich nötige niemanden zu glauben, was nun geschah: Ich sah zwei weiße Rosen neben mir niederfallen. Einen Augenblick sah ich sie liegen: wirkliche Rosen. Ich weiß erst seit damals, wieviel Raum für Gedanken und Bilder in einem Augenblick — in so einem Nichts an Zeit ist. Ich sah, wie alles, was mein war, vor mir zurückwich, die gemeinsame Zukunft mit Gerhard, das neue Haus, das Leben danach und damit so gut

wie alles — und wie sich vor mir eine fahlweiße Leere auftat, in die ich zwei weiße Rosen einpflanzen sollte. Eine so große Leere, beinahe ein Tod! Ich wollte nicht sterben und hob die Rosen nicht auf. Ich bat nicht um Widerruf, war gar nicht gewillt zu bitten, weil man in einem Zustand zorniger Rebellion nicht bitten, sondern nur fordern kann. Ich habe gefordert, daß das nicht wahr sein durfte, und habe im selben Moment die Stimme von oben gehört — nicht vom Himmel, nur von der Mauerkrone. Die Stimme sagte: »Hoppla, meine Rosen!«
Es war eine Kinderstimme, und als ich die Augen hob, sah ich ein Kind auf der Mauer sitzen. Es hielt noch drei Rosen in der Hand, von der gleichen Farbe wie die neben mir.
Ich stand langsam auf, und auch mein Bruder erhob sich. Wir starrten beide das Geschöpfchen an. Ich weiß nicht mehr, ob es ein Knabe oder ein Mädchen war, wie alt es war, welche Haare und Augen es hatte, denn die Sonne stand hinter ihm und blendete mich und täuschte rings um das Kind einen Strahlenkranz vor. Doch die Augen meines Bruders sehe ich noch vor mir. Keine Spur von Überlegenheit war in ihnen. Dann lächelte er, als ob er sich freute, so wie als Junge auf dem Fußballplatz, wenn er die Schwäche des Gegners nicht ausgenützt hatte. Wie damals, begriff ich ihn nicht. Ich wollte ihn gar nicht begreifen. Ich fühlte nur die Rückkehr der Welt als eine warme, leuchtende Woge und hörte das Kind auf der Mauer fragen: »Gibst du mir meine Rosen zurück?«

Inzwischen sind diese Version der Geschichte und ich in gleichem Maße älter geworden, und es wird Zeit für mich, etwas richtigzustellen, was ich einem Effekt zuliebe behauptet habe: Es fielen keine Rosen von der Mauer. Kein Kind ist oben gesessen und hat sie zurückverlangt. Niemand hat mich beim Wort genommen — wenn auch nur auf Widerruf — und mich damit beschämt. So behielt ich gegenüber Nikolaus recht. Wann immer er zu uns auf Besuch kommen wird, werde ich ein gutes Argument gegen ihn haben und mich nicht mehr so minderwertig neben ihm fühlen. Und insgeheim werde ich froh sein, daß das Klima in meiner Umgebung dem Rosenschneien so wenig förderlich ist.

So ging die Geschichte noch einmal gut für mich aus. Gott liebt seine Kinder gewiß, und jedes anders.

Das seltene Leiden der Anna Sturm

Man stelle sich eine Frau vor, aus der nichts geworden ist. Sie hat nicht einmal das erreicht, was als Mindestmaß weiblicher Selbstverwirklichung gilt: einen Mann und ein Kind oder wenigstens eines von beiden. Nicht einmal ihr Körper hatte Gelegenheit, der Welt ein neues Merkmal einzuprägen, so blindlings und dennoch so meisterhaft, wie es auch der Leib einer Mücke zustande bringt. Nichts kam von ihr, nichts würde von ihr bleiben. Sie war Bürobotin von Beruf. Ihr Name war Anna Sturm.
Ihre Tätigkeit bestand darin, Dinge in Empfang zu nehmen, mit ihnen durch lange Korridore zu gehen und sie anderswo wieder abzuliefern, und keins veränderte sich in ihrer Hand. Was sie annahm und was sie fortgab, war ein und dasselbe. Sie übte auf nichts einen Einfluß aus — am allerwenigsten aber auf sich selbst. Sie war mit fünfzig Jahren noch völlig amorph, dem Zufall und dem Wetter ausgeliefert, von keinem Widerstand geformt, nur von zahllosen Reibereien abgenützt. Doch war sie mit Leidenschaften ausgestattet. Sie besaß einen Drang zur Größe, zur Überlegenheit. Ihre Kraft hätte ausgereicht, um Hürden zu überwinden, doch fehlte der Raum, sich den nötigen Schwung zu holen. Es war allzu beengt rings um sie und auch in ihr. Sie scheiterte an ihrem Horizont. So kam es, daß sie sich von etwas getrieben fühlte, das stark und dunkel war und das doch zu nichts führte

als etwa zu folgender Ankündigung: »Bevor der Föhn kommt, werde ich rabiat.«

Sie war sich oft selbst im stillen darüber klar, daß es keine Leistung war, so zu sein wie sie, denn was man ohne eigenes Zutun wird, ist nichts. Und da sie es nicht aushielt, nichts zu sein — so etwas erträgt man schwer, wenn das Leben zu kräftig pulsiert —, stattete sie sich nach eigenem Ermessen mit einer Garnitur von Besonderheiten aus. Zum Beispiel redete sie sich ein, daß sie Frauen mit roten Haaren nicht leiden konnte, und ließ daraus einen künstlichen Haß erstehen, den sie für außerordentlich wirkungsvoll hielt. Sie versäumte keine Gelegenheit, den anderen Leuten mitzuteilen, was sie empfand, wenn sie rote Haare sah. Es fielen ihr dazu sehr drastische Worte ein. Sie lenkte alle Gespräche auf dieses Thema hin oder auf irgendeines, das ihm ebenbürtig war, das ihr Gelegenheit gab, zu sagen, was ihr mißfiel, welches Land, welche Speise, welches Musikinstrument, welche Kleiderfarbe und welches Regierungssystem. Auf ihrem langen Weg durch die Korridore, aus dem der größte Teil ihres Tages bestand, und während des bißchen Lebens, das ihr daneben verblieb, klärte sie jedermann über ihren Standpunkt auf. Zum Beispiel: »Der neue Verkaufschef? Der kann mir gestohlen bleiben mit seiner Glatze und seinem Pferdegebiß.« Oder: »Wie kann man nur Salzgurken essen? Mir graust. Ich muß wegschauen, wenn einer Salzgurken ißt.« — Einen Grund für ihr Urteil gab sie niemals an. Sie stellte immer nur fest: »Ich bin eben so.« Und weil sie so war, hielt sie sich für bemerkenswert, und mehr verlangte sie nicht, denn im Grunde war sie bescheiden. Sie war einverstanden mit ihrem einzigen Werk, das sie selbst war und von dem die anderen sagten: »Sie hat zwar ihre Eigenheiten, aber sonst ist sie eine gute Frau.«

Mit Höhepunkten rechnete sie nicht mehr. Es kam trotzdem der Tag, an dem sie einen erreichte. Sie wurde krank, ging zum Arzt und erfuhr von ihm, daß sie ein überaus seltenes Leiden hatte. Von Stund an haßte sie die roten Haare nicht mehr. Sie vergaß den Ekel, den sie vor Salzgurken hatte. Sie war ganz und gar davon in Anspruch genommen, der Welt zu verkünden, was für ein Wunder sie war. Mit liebevoller Ausführlichkeit erzählte sie von ihren Schweißausbrüchen bei Nacht, von den Schwindelanfällen am hellichten Tag, zum Beispiel neulich in der Straßenbahn, von ihrem jagenden Puls, ihrem Augenflimmern, von inneren Hitzewellen und Kälteschauern. Was sie an Medikamenten bekam, ließ sie in den Abfallkübel wandern. So kampflos gab sie ihr seltenes Leiden nicht her. Es verschlimmerte sich, weil sie nichts dagegen tat, obwohl es gewiß noch heilbar gewesen wäre. Bald mußte sie in das Krankenhaus — ein neuer Anlaß für sie, auf sich stolz zu sein.

Im Krankenhaus war es schon nicht mehr so leicht, sich all das vom Leibe zu halten, was der Gesundung diente. Mit der Zeit fand sie aber auch hier ihre Möglichkeit, zu bleiben, was sie mit so viel Begeisterung war: ein höchst erstaunlicher, einzigartiger Fall. Sie knetete heimlich ihre Tabletten in übriggebliebene Stücke von Frühstücksbroten ein, trank Wasser, obwohl das verboten war, streifte nachts ihre Decken ab und erkältete sich und war still vergnügt, wenn ein Ärztestab ratlose, lange Debatten über sie hielt.

Zu den Besuchsstunden war es besonders schön. Da lag sie in dem großen Krankensaal als eine von vielen und doch gleichsam hinter Glas wie ein kostbares Ausstellungsstück auf weißem Satin, fing Blicke und verstohlenes Flüstern auf und zweifelte nicht daran: sie war im Gespräch.

Schmerzen hatte sie nie, nur ihre Schwäche nahm zu, und immer besorgter wurde das Rätselraten um sie. Manchmal wurde sie samt ihrem Bett in einen Hörsaal gerollt, der voller Studenten war. Denen wurde ihr Fall und seine Besonderheit mit schwierigen Worten ausführlich dargelegt. Sie konnte das Halbrund der Bankreihen sehen, in dessen Mittelpunkt sie lag, und, Kopf an Kopf, das Auditorium, und alle nahmen sie Anteil an ihr, an der Bürobotin Anna Sturm. Ihr war dann, als läge sie im Zentrum der Welt und alles kreiste feierlich um sie: das Gebäude, die Stadt, das Firmament, das ihr zu Ehren prachtvoll herausgeputzt war.
So lernte sie die Zufriedenheit kennen. Die starke, dunkle Triebkraft in ihr erstarb. Nur selten erwachte sie noch, und zwar immer dann, wenn der Kampf gegen ihre Krankheit weiterging: mit Spritzen, mit Infusionen und mit alldem, was in so einem Krieg das übliche Rüstzeug ist. Dann war in ihren Augen ein drohendes Licht, als sollte ihr ein Besitz entrissen werden.
Es kam der Tag, an dem sie ihr eigenes Zimmer bekam, einen stillen, weißen Raum mit viel Sonnenlicht. Darin verbrachte sie friedlich ihre Zeit — ermattet, doch frei von Schmerz und immer noch glücklich. Sie ließ nun schon alles mit sich geschehen, schlief lange oder schaute groß auf den weißen Plafond. Ihre Träume waren wirr, aber niemals so voller Angst wie die Träume von Menschen, die sich nutzlos fühlen. An einem Morgen erwachte sie stark und frei. Es gab zum erstenmal keinen Zweifel für sie, daß sie jeden Augenblick das beginnen konnte, was die Aufgabe ihres Lebens war: das Einzigartige, das Große von bleibendem Wert. Es war eine Besonderheit, daß sie sterben mußte. Noch nie hatte jemand etwas so Großes erlebt.

Ein anderer Morgen

Das kleine Mädchen ist aufgewacht. Es erkennt die Dinge wieder, die jeden Morgen da sind: den hellgrünen Schrank, die Gardinen, den Lampenschirm, die mit Häschen und Entenküken gemusterte Daunendecke. Alle Gegenstände schauen das Mädchen an, sind voll ernster, aber freundlicher Aufmerksamkeit, wollen wissen, ob es schon wach und ansprechbar ist und den Freundschaftsbund mit ihnen erneuern möchte. Es macht die Augen auf, liegt ruhig da, sieht den matten Seidenschimmer der hellen Tapete, die tanzenden Stäubchen im Licht, das Schattenmuster des Vorhangs, ein wenig verzeichnet, doch an derselben Stelle wie gestern, und eine kleine, blendende Sonnenkugel am Türgriff.
Die Tage gleichen einander, sind hell und vertrauenerweckend. Keiner hat einen Namen, der ihm eine Eigenart gibt, der ihn zu einem gewöhnlichen Werktag macht oder zu einem Sonntag, der rot im Kalender steht. Es gibt jene Tage, an denen Tante Irma hereinkommt, das kleine Mädchen aus dem Bett hebt, es wäscht und anzieht, ihm die Haare bürstet und das Frühstück kocht, und die anderen Tage, an denen der Papa daheim ist.
Tante Irma ist rundherum weich, hat ein großes rundes Gesicht und einen verrutschten Haarknoten im Genick. Ihr Atem ist warm und feucht und riecht nach Kaffee. Papa ist dunkel und hart und viel größer

als Tante Irma. Wenn er morgens daheim ist, kommt er durch die andere Tür, durch die Schlafzimmertür mit dem blendenden Lichtpunkt am Türgriff. Er ist barfuß, verschlafen und zottig, aber er lacht. Er sagt: »Evi, bist du schon munter? Na, dann komm!«
Evi weiß dann, daß sie zu ihm ins Bett darf, in sein riesengroßes, warmes, zerwühltes Bett. Da spielen sie miteinander, zerzausen einander das Haar, und Evi stößt kleine lustvolle Schreie aus. Das Bett ist eine Landschaft mit Berg und Tal, mit schneeweißen Hügeln, auf die man hinaufklettern kann, mit Höhlen, in denen es dunkel und dunstig ist und in denen ein Höhlenbär namens Tobias haust. Der fühlt sich wie Papas Beine an, ist straff und wollig und hat kitzlige Sohlen. Wenn man sie anrührt, erschüttert ein Lachen den Berg, Tobias wird wild und hüpft, und die Höhle stürzt ein. Zwei harte Hände ziehen Evi ans Licht, zwei Arme stemmen sie in die Luft und lassen sie zappeln. Das Kind schaut von oben in Papas vergnügtes Gesicht. Es ist ganz zerknittert vor Lachen. »Na warte, Evi!« — Dann läßt er sie neben sich auf das Kissen gleiten, zieht das Federbett über sie und gebietet ihr, brav zu sein. Sie liegt da und ruht sich vom Zappeln und Kreischen aus, ist glücklich und verzaubert und weiß es nicht. Ganz nahe vor ihren Augen ist Papas Ohr, ein großes braunes Gebilde, das sie betasten darf. Ihre kleinen, weichen, krabbelnden Fingerspitzen erkunden das sonderbar modellierte Ding, das sich weder fleischig noch knochig, sondern fest und elastisch anfühlt, das gewundene Irrgänge und ein Loch zum Hineinblasen hat. Wenn Evi lang genug mit dem Ohr gespielt hat, hascht Papa nach ihren krabbelnden Fingern und küßt sie. Er schnappt mit den Zähnen danach, hält sie leicht und behutsam fest und sagt: »Jetzt beiß ich das Kind! Jetzt freß ich es auf!«

Dann schmeißt er sie aus dem Bett und jagt sie ins Badezimmer, packt sie, läßt kaltes Wasser ins Waschbecken rinnen und ribbelt Evis Gesichtchen, bis es glüht. »Katzenwäsche! Fertig! Und jetzt zieh dich an. Linker Strumpf, rechter Strumpf, Höschen. So macht man das, kleine Frau.«
Beim Frühstück gibt ihr Papa etwas Bohnenkaffee in die Milch. Tante Irma darf nichts davon wissen, sonst schimpft sie vielleicht. — Es ist fein, mit Papa ein Geheimnis zu haben. Zum Mittagessen gehen sie miteinander ins Gasthaus.
Papa ist groß und lieb, er ist Evis bevorzugtes Spielzeug, ihr zottiger Bär Tobias, ihr Eigentum. Wenn er in der Früh in ihr Zimmer kommt und nicht Tante Irma, ist ein besonderer Tag. Daß der »Sonntag« heißt, weiß sie noch nicht. Drei Jahre ist sie erst alt. Das kleine Mädchen ist aufgewacht und fühlt, daß Papa im anderen Zimmer ist. Er sollte, wie immer, kommen — aber er kommt nicht. Mit einem jähen inneren Ruck, der weh tut, der den Dingen ihr freundlich vertrautes Aussehen nimmt und den Lichtpunkt am Türgriff in ein böses Gleißen verwandelt, erinnert sich das Kind, warum er nicht kommt. Er ist nicht allein. Sabine ist drüben bei ihm.
Sabine ist eine fremde, gefährliche Frau, obwohl sie sagt, daß sie Evi liebhaben will. Sie will ihre große Freundin sein und später ihre neue Mama werden. Evi weiß nicht, was eine Freundin ist, und Mama braucht sie keine. Sie hat nie eine Mama gehabt. Sie versteht nicht, was es bedeutet, wenn Papa zuweilen sagt: »Sie hat dich zur Welt gebracht, und bald darauf starb sie.« Evi hört zu und fühlt, daß es sie nichts angeht. Das Dasein ist für das Kind noch ein unbegrenztes Ereignis. Wirklich wichtig und wirklich traurig sind andere Dinge, besonders Papas Verbot, das

ihr jetzt einfällt: »Daß du mir morgen früh nicht ins Schlafzimmer kommst! Du wartest in deinem Bett, bis Sabine dich anzieht.« — Was dies zu bedeuten hat, weiß das Kind. Da ist eine Störung, eine Kränkung, ein Unbehagen. Die Mutter, von der es nichts weiß, hat es nie verloren. Aber der Vater, der Papa ... da steht etwas Schlimmes bevor.
Evi ist vollkommen munter und langweilt sich. Und sie darf nicht zu ihrem großen Spielzeug hinüber. Sie darf nicht? Aber sie will. Sie mag nicht im Bettchen warten. Nicht einmal Tante Irma ist heute da.
Evi steigt aus dem Bett, geht barfuß zur Tür, drückt leise die Klinke nieder und späht durch den Türspalt. Es ist dunkel im Nebenzimmer. Die Vorhänge sind fest zu. Die Jalousien sind heruntergelassen. Es dauert einige Zeit, bis das Kind seinen Papa sieht, und neben ihm, auf demselben Kissen, Sabine. Sie schlafen einander zugewendet. Papa hat seine Hand auf Sabines Schulter gelegt. Evi schiebt sich ins Schlafzimmer, steht und schaut. Sie hat nie eine ganze Nacht in Papas Bett schlafen dürfen. Sabine, die gar nicht darum gebettelt hat, darf das. Papa will lieber mit ihr als mit Evi spielen. Wenn sie aufwachen, wird er der Bär Tobias sein. Dann darf Sabine zu ihm in die Höhle kriechen. Sie darf seine Fußsohlen kitzeln, dann strampelt und lacht er. Dann darf sie, statt Evi, in seine Ohrmuschel blasen.
Wenn so ein kleines Mädchen imstande wäre, nicht in Bildern, sondern in Worten zu denken, so würde es denken: »Verrat! Mein Papa verrät mich.« Und wenn das, was es fühlen kann, etwas anderes wäre als ein Licht ohne Ursprung oder ein formloser Schatten, so würde es fühlen: »Ich hasse die fremde Frau.« Für Evi ist beides zu schwierig, so hört sie zu denken auf und fühlt nichts als ein bedrohliches Dunkelwer-

den. Was auf sie zukommt und in sie eindringen will, ist zu groß. Es läßt sich in ihrer Welt nicht unterbringen. Sie ist nicht erfahren genug, um es einzuordnen, und noch zu ungeübt, um es meistern zu können. So wendet sie es nach außen, stößt es von sich und macht eine Tat daraus, an der nichts mehr schwierig ist. Dort auf dem Hocker neben dem Ankleidespiegel schimmert Sabines Kleid im verschwommenen Streulicht. Evi ist hingeschlichen und rafft es an sich, huscht auf nackten Füßen ins Kinderzimmer und schließt mit einem verstohlenen Klicken die Tür. Sie betrachtet das Kleid, das vor ihr auf dem Boden liegt. Es ist seidenglänzend und himmelblau und fühlt sich wie Evis Badeseife an. Evi geht in das Wohnzimmer, macht eine Lade auf, in der Tante Irma immer ihr Nähzeug verwahrt, erbeutet die Schere, kehrt in ihr Zimmer zurück und schneidet das himmelblaue Kleid in Stücke. Nicht blindwütig, sondern sehr sorgfältig ist sie am Werk und schneidet interessante Figuren aus, die in Evis Augen Sterne und Blumen sind. Sie spielt — weil sie mit Papa nicht spielen darf, weil er heute nicht kommen wird, um sie in sein Bett zu holen. Das Kleid ist bald nur noch ein durchlöcherter Fetzen. Sie läßt davon ab und sucht sich ein anderes Spielzeug. Ihr Blick fällt auf die Puppe, die ihr Sabine geschenkt hat. Sie dreht ihr den Kopf ab und zerschlitzt ihr bedächtig den Bauch. Und jetzt? Jetzt steht etwas Großes, Fremdes im Zimmer, schreit »Evi!« und windet die Schere aus ihrer Hand.
Sabine ist da und kann sehen, was Evi gespielt hat. Was sie dazu sagen wird? Sie sagt nichts, steht nur da und schaut. Evi hat gerade noch Zeit, zu bemerken, daß sie einen hellen, geblumten Pyjama trägt und daß ihr die Haare, die sie sonst aufgesteckt hat, in langen Ringeln auf die Schultern fallen — dann hat sie etwas

gehört und blickt zur Tür. In der Tür ist Papa erschienen, barfuß, verschlafen, zerrauft. Er sieht aus wie immer, wenn er morgens zu Evi kommt. Aber er lacht nicht. Nein! Er hat finstere Augen. Und eigentlich sieht er auch gar nicht wie immer aus. Er schaut den Puppenbalg, das zerschnittene Kleid und dann, mit einem Kopfrucken, Evi an. Er ist zottig und rotbraun, finster und groß — nicht mehr ihr Papa, sondern der böse Mann. Das Grollen in seiner Stimme bedeutet Gefahr. Er nähert sich — ein Bär auf den Hintertatzen. So war er noch nie. Das hat er noch nie getan. Er darf es auch jetzt nicht tun, sonst fällt Evi um und ist tot. Schon trifft sie, brennend und dröhnend, sein Tatzenhieb. Die Bärenhöhle! Der bebende, brüllende Berg! Die niederstürzenden Trümmer! Und niemand rettet das Kind. — Oh doch, es geschieht. Sabine hebt Evi auf. »Nicht!« sagt sie. »Bitte nicht!« Evi sieht blondes Haar und ein helles Gesicht. Etwas Zärtliches, Helles umschließt und behütet sie, etwas, zu dem sie Zutrauen hat, weil es ihr selbst und nicht jenem Höhlenbären ähnelt. Eine Frau hält sie auf dem Arm und wehrt die Gewalt von ihr ab — den rotbraunen, zottigen Mann, der ihr weh getan hat. Ihre Stimme poltert nicht. Sie wird niemals poltern, ganz gleich, ob Sabine lacht oder zornig ist. Sie ist leise, beschwichtigend und ein wenig verzagt, als Sabine hinzufügt: »Sie akzeptiert mich nicht.«
Der Bär stößt ein Brüllen aus: »Den Hintern hau ich ihr voll!«
Er kann nur noch drohen, aber er kann nichts mehr tun. Auf Sabines Armen ist Evi in Sicherheit. Sie wagt es sogar schon wieder, ihn anzusehen. »Hör zu«, sagt Sabine zu ihr, »ich kann jetzt natürlich nicht fort. Ein wenig wirst du mich noch bei euch dulden müssen. Ich kann nicht ohne Kleid auf die Straße ge-

hen, sonst lachen die Leute mich aus — das siehst du doch ein. Aber wenn dein Papa zu mir in die Wohnung fährt und mir ein anderes Kleid bringt, dann geh ich sofort. Ich geh und komme nie wieder. Ist dir das recht?« Evi wußte nicht, ob sie ja oder nein sagen sollte.

Als Papa, der böse Mann, aus dem Zimmer war, nachdem er noch einmal schrecklich gewütet hatte, ließ Sabine das kleine Mädchen zu Boden gleiten. Sie zeigte auf die zerstückelte Puppe und fragte mit ernster Stimme: »Bin das ich?«

»Nein«, sagte Evi verwundert. »Das ist meine Ursula.«

»Wir wollen sie wegwerfen«, schlug Sabine ihr vor. »Die Puppe, das Kleid und alles. Und bald bin ich auch nicht mehr da.«

Dann saß sie auf Evis Bett, viel kleiner und schmäler als sonst, saß da und stützte ihr Gesicht in die Hände. Sie sah sehr hell und zart und sehr traurig aus. Ganz leise weinte sie — wahrscheinlich um ihr Kleid.

Evi stand neben ihr und schaute sie an. Sie sah glatte, rosige Haut und silberne Tränenspuren, ein kleines, wehrloses Kinn, einen zuckenden Mund. Wo Papa kratzende Stoppeln hat, sprießt bei Sabine ein feiner, schimmernder Flaum, den Evi gern streicheln möchte — wie man ein Kätzchen liebhat. Sie betrachtet Sabines Ohr. Es ist zierlich und fein — kein Ohr, das ein schwarzes Loch zum Hineinblasen hat, sondern eines, in das man seine Geheimnisse flüstert. Zuweilen geht über Sabine ein Schauer hin. Sie hat kein Kleid mehr, sie friert, sie wird Husten und Schnupfen bekommen. Das Kind sieht drüben am Stuhl das Sonntagskleid liegen, das Tante Irma gestern bereitgelegt hat. Es ist ebenfalls himmelblau und herrlich mit Blümchen be-

stickt. Sie holt es, sie stupst Sabine und sagt: »Da nimm!«
Sabine hebt ihr verweintes Gesicht aus den Händen. »Dein Kleidchen?« fragt sie verwundert. »Was soll ich damit?«
»Anziehen«, sagt das Kind.
»Damit ich schnell fortgehen kann?«
»Nein, damit dir nicht kalt ist. Damit du dich nicht verkühlst.«
Sabines zuckendes feuchtes Gesicht ist unter dem schimmernden Flaum ganz rosig geworden, und nun fliegt ein Lichtschein, ein freudiges Lächeln darüber. »Kochst du mir Tee, wenn ich krank bin, und soll ich das gleiche für dich tun?« — Schweigend und ernst schaut das kleine Mädchen sie an. Es sieht nachdenklich aus, obwohl es an gar nichts denkt und nur unter rosigem Silbertau etwas sieht, das, vor kurzem noch fremd, zu etwas seit langem Vertrautem, zu etwas heimlich und schmerzlich Vermißtem wird. Dann setzt es alles, was es fühlen will und nicht kann, in die Tat um, indem es langsam und feierlich nickt.

Die verweigerte Nachsicht

Kein Geheimnis hat Carla so ängstlich gehütet wie jenes, daß sie auf der Suche nach einem Mann war. Nicht nur vor der Welt, die derlei Bemühungen lächerlich findet, sondern auch vor sich selbst gab sie es niemals zu. Wenn sie eine Reise machte, war sie davon überzeugt, daß sie es tat, weil sie gern etwas Neues sah, weil sie mutig, aktiv und selbständig war und weil sie das Fernweh als einziges Weh, als einzige die Vernunft überflutende Regung für unbedenklich hielt und sich seiner nicht schämte. Vor dem Herzweh hingegen mußte man auf der Hut sein. Das wurde, sobald man die Kontrolle darüber verlor, zu einer Sünde wider den guten Geschmack. Frau Doktor Carla Erlach, Chemikerin, war stolz auf ihr Stilgefühl und auf das, was sie »Freiheit« nannte. In einer Welt, in der eine Frau nur ungern bekennt, daß sie unverheiratet und somit bedauernswert ist, sagte sie: »Ich bin frei.« Und sie glaubte es.
Nie hätte sie zugegeben, daß das nicht stimmte oder daß es nur einen Teil der Wahrheit enthielt, und zwar den oberirdischen, für jedermann sichtbaren Teil. Sie weigerte sich zu wissen, was unterirdisch am Werk war, daß es da einen uralten, dumpfen Gehorsam gab, das Gefühl einer Dürftigkeit, eines hilflosen Ungenügens. Sie kämpfte um ihre Würde, indem sie die Wahrheit bestritt. Niemand, auch sie selbst nicht, hatte das Recht, ihren heimlichen Beweggründen nach-

zuspüren, wenn sie alle Jahre wieder nach Süden fuhr, wenn sie eine Kreuzfahrt auf einem Schiff einer Reise im eigenen Auto vorzog und sich Reisegruppen anschloß, obwohl sie sonst gerne allein war, und wenn sie nicht in den stillen Frühstückspensionen, sondern lieber in einem der großen Strandhotels wohnte, in denen ein Kommen und Gehen von Menschen war. Sie pflegte zu sagen: »Das ist meine Art und mein Stil.« Unter Hinweis auf Art und Stil tat sie jahrelang Dinge, an denen sie kein wahres Vergnügen hatte: Abends auf einer Terrasse sitzen, unter den abgeschmackten südlichen Sternen tanzen, Wein trinken, flüchtige Liebschaften absolvieren, unter dem Kupplermond über den Dingen stehen. Sie züchtete eine Liebe zu Ockergelb und Azur, den Farben der südlichen Meeresstrände heran, zu nervösem Palmengefieder, zur Scheinpracht der Bougainvilleen, zu einer nackten Paradiesesschönheit, der man es ansieht, daß sie ihre Unschuld eingebüßt hat. Ahnungslos pflegte sie eine Vorliebe für ein Leben, an dem ihr im Grunde nichts lag, nur weil es versprach, sie vom Makel der Einsamkeit zu befreien.

Sie mußte fast vierzig Jahre alt werden, bevor sie sich auf die Schliche kam, und nun hatte sie Abstand genug, um darüber zu lächeln. Sie sagte sich, daß es vorbei war, ganz vorbei, und daß sie dazu verurteilt war, ledig zu bleiben. Und nun, da sie endlich wußte, daß es nicht leicht war, wurde es selbstverständlich und altgewohnt, und es gab keinen Anlaß mehr, ihm entgegenzuwirken. Sie legte entschlossen ihre Hoffnungen ab und gewahrte erst jetzt, daß es sie gegeben hatte. Es hatte Traurigkeit und Enttäuschung gegeben und ein heimliches, süßes Zehren an Seele und Leib. Sie hatte sich immer geweigert, es Sehnsucht zu nennen. Nach den lauten, hektischen Begleitumständen der

Lüge brach mit ihrer ganzen Stille die Wahrheit herein, und als diese aufhörte, weh zu tun, vereinfachte sie das Leben. Es gab keinen Zwang, keine heimlichen Listen mehr und keine Notwendigkeit, das Meer und die Palmen zu lieben. Die Landschaft, die Carlas Wesen entsprach, war anders. Sie war großflächig, klar und rauh und voll Heidekraut — eine der Landschaften, die man im Norden findet. Weithin lag über den Hügeln ein hellroter Flor — ein Farbton von einer gewaltigen Friedlichkeit. Es war nichts Weiches und auch nichts Süßes an ihm. Er behauptete sich neben Braun und Grün und dem Schiefergrau eines massigen Wolkenhimmels, der sich wie eine Gesteinsschicht über das Land schob.

Carla war auf der Fahrt durch das schottische Hochland — eine einsame Reise für eine einsame Frau. Es lag ihr zum erstenmal nichts mehr daran, diesem Zustand den Namen »Freiheit« zu geben. Sie beschönigte ihn nicht mehr, und damit akzeptierte sie ihn. Sie sah ihre Zukunft so deutlich vor sich, wie man sonst nur die Vergangenheit sieht. An ihrem Leben würde sich nicht mehr viel ändern. Es würde nüchtern und klar und ein wenig bitter sein — eine lange Folge von kühlen und hellen Tagen. Die Nächte würden von einem tiefen, vernünftigen Schlaf, einer Wiederauffrischung von Kräften, in Anspruch genommen sein. Sie würde vielleicht noch manchmal, ehe sie einschlief, einen Schatten von Traurigkeit und Vergeblichkeit fühlen, vielleicht auch ein wenig Angst vor der Stille haben. Doch sie hoffte, daß dies mit dem Älterwerden, das ja ein Akt der Gewöhnung war, auch verging. Sie hatte diese Fahrt in ein karges, genügsames Land ganz bewußt und in voller Absicht angetreten, weil sie gehofft hatte, hier zu sich selbst zu finden. Und eben auf dieser Reise fand sie Matthias.

Er hatte, als sie ihn das erstemal sah, noch keinen Namen für sie — nur ein angenehmes Gesicht. Ihr fiel sein stilles, verwehtes Lächeln auf. Es war ein Lächeln, das niemandem direkt galt und doch alles, sogar die Dinge, miteinbezog. Eine Gruppe von Leuten stand an der Anlegestelle des Fährbootes und wartete auf die Überfahrt nach Cape Wrath. Sie fochten alle einen grotesken Kampf mit Schwärmen von kleinen Moskitos aus, fuchtelten mit den Armen, klatschten sich ins Gesicht, kratzten und rieben ihre Haut, wo sie nackt war, und lachten, weil sie im Urlaub nicht wütend sein mochten. Auf diese Weise schloß jeder mit jedem Bekanntschaft. Während der Bootsfahrt über die enge Bucht kam Carla mit jenem Mann ins Gespräch, dessen Lächeln und dessen Gesicht sie angenehm fand. Nun kam eine angenehme Stimme dazu. Als sich herausstellte, daß er ihr Landsmann war, beredeten sie erfreut den seltsamen Zufall. In Anbetracht dieser Zusammengehörigkeit, die hier, in diesem verlassenen Winkel der Welt, schon beinahe eine Verwandtschaft zu nennen war, saßen sie auch in dem kleinen Autobus, der sie auf das Kap hinaufbrachte, nebeneinander. Eine schmale, steile, gewundene Straße führte durch bucklige Heidekrauthänge bergan. Ein hellrotblühendes Hochmoor säumte den Weg. Wo die Heidekrautpolster klafften, glänzte der Torf. Durch Gräben rann träges braunes Moorwasser hin. Zuweilen unterbrach ein kleiner Bachlauf die Straße, den ihr klapperiges Fahrzeug holpernd und spritzend durchquerte. Sie erreichten Cape Wrath, die nördlichste Klippe Schottlands, den schroffen, von Möwen umsegelten Leuchtturmfelsen, und schauten von einer steinigen, windigen Höhe weit über den wettergrauen Atlantik hin. Sie hörten dem schmetternden Wogenschlag an der Steinbarriere der Steilküste zu, blickten senkrecht in ein Klippengewirr hinab, in ein wildes Sprudeln von Gischt zwischen Buntsandsteinklüften, und fanden es schön, daß sie dies gemeinsam erlebten.

Nach ihrer Rückkehr stellten sie fest, daß sie in demselben Hotel ihre Unterkunft hatten, und sahen nun keinen Anlaß mehr, sich zu trennen. Sie machten einen Spaziergang und stießen auf eine Bucht, die einen weiten, hellen Flachstrand umschloß. Sie wanderten über den harten, rippigen Sand. Er war mit Seevögeln wie mit Steinen gesprenkelt. Glasblaue Priele mündeten in das Meer, das die blasse nördliche Kühle des Himmels mit silbernen Lasuren wiedergab. Ein klarer Abend beschloß einen wolkigen Tag.

Sie traten am nächsten Morgen gemeinsam die Rückfahrt an und hatten — nicht ganz durch Zufall — denselben Weg. In Altnaharra machten sie beide Station, denn es gab hier, in der öden Weite des Hochlands, auf weiter Strecke nur dieses eine Quartier — ein Hotel am Loch Nevis —, und hier übernachteten sie. Es gab außer diesem Hotel noch einige Häuser am See, alle im äußersten Winkel zusammengerottet, es gab eine schmale, steinige Straße am Ufer und einen einsamen Berg, den wolkenverhängten Ben Klibreck. Es blieb ihnen hier keine andere Wahl, als sich völlig einander zuzuwenden, und eben dadurch erschloß sich ihnen die Welt. Es war, als hätte jeder von ihnen dem anderen ein Paar Augen dazugeliehen, so daß sie nun doppelt wach und aufmerksam waren. Alles erlebten sie mit doppelter Intensität. Sie nahmen nicht nur die Landschaft und ihre Eigenart wahr: die dunkelgrüne wollige Vegetation, die die unbewaldeten Berghänge überzog und von tiefen, verästelten Regenrinnen durchfurcht war, die einzeln stehenden Bäume mit silbrigem Laub, das rosa und taubengrau marmorierte Gestein, sondern hatten plötzlich auch einen

Blick für die Unwägbarkeiten. Sie bemerkten das wunderbar kraftvolle Abendlicht, das schon früh am Nachmittag alle Farben vertiefte und noch zu später Stunde über dem Land lag, sie sahen Sonnenschauer mit Regenschauern vermischt, in strahlende Spektralfarben aufgefächert, sahen Wolkenbänke, die von innen her glühten, und andere, massige, gleich gekneteten Ton. Sie waren wach und sehend wie nie zuvor. Das alles bewirkte die Liebe, die angeblich blind macht.

Am nächsten Abend, bei Braemar, sagte sie schon »Matthias« zu ihm. Sie fand diesen Namen eigenartig und schön. Es war etwas Sprödes an ihm. Er war wie aus Holz geschnitzt — nicht anheimelnd, aber vertrauenerweckend. Es war der Name für einen Mann, der es aushielt, allein zu sein, ohne sich abzuschließen, der lachen und ernst sein konnte — der passende Name für ihn.

Sie wohnten diesmal auf einer Farm im Hochmoor, in einem Haus am Rand eines Erlenbruchs, das von golden beleuchteten Wiesen umgeben war. Grasende Schafe zogen langsam der Sonne nach, zahllose kleine Kaninchen zuckten über den Weg und duckten sich in die Gräben, ins Binsengestrüpp, aus dem nur noch ihre hellen Ohrbüschel lugten. Am Rain wuchsen Himbeerstauden und trugen sehr reich, in kniehohen Büscheln wucherte Heidekraut, hing über den Straßengräben und füllte die Böschungen an und gab dieser Landschaft einen Anschein von Üppigkeit, obwohl sie in Wahrheit ärmlich und unfruchtbar war. Die Üppigkeit, die Fülle, das Glück. — Carla, die neben Matthias ging, an ihn gelehnt und halb schon an ihn gekettet, sprach in Gedanken diese Worte vor sich hin und wurde ihrer Lautverwandtschaft gewahr. Doch ein anderes Wort drängte nach und wollte hinzugefügt werden: die Lüge und alles, was trügerisch war. Denn irgend etwas stimmte plötzlich nicht mehr an diesen langen, verzauberten Abendstunden, diesem Goldgeriesel der Birken im kraftvollen Licht. Es schien Carla auf einmal nicht mehr ganz glaubhaft zu sein, daß da jemand so selbstverständlich an ihrer Seite einherging, der Anspruch darauf erhob, zu ihr zu gehören, und der bereit war, auch sie in sein Leben einzubeziehen. Es lag nicht an ihm und auch nicht völlig an ihr, daß sich etwas wie eine Störung dazwischenschob — eine innere Abwehr, eine unbegreifliche Angst. Und es war doch an ihrer Beziehung zu ihm, diesem seltsamen Zufallsergebnis, nichts anfechtbar. So war es noch nie gewesen, so klar und so absolut. Sie liebte Matthias und wurde von ihm geliebt. Nichts war natürlicher, als beieinander zu bleiben. Und trotzdem war dies nicht mehr vorstellbar. Vielleicht rührte der plötzliche Kälteeinbruch daher, daß sie es sich bisher überhaupt noch nicht vorgestellt hatte, ihr ganzes künftiges Leben mit diesem Mann zu verbringen. Es war tagelang alles schön und fraglos gewesen — die reine Gegenwart, noch von keiner Zukunft beschattet. Nun aber hing eine Frage in der Luft. Jeden Augenblick konnte sie ausgesprochen werden, und Carla dachte: Hoffentlich wartet er noch ...

Am nächsten Morgen erwachte sie schon sehr früh. Ihre innere Unruhe hatte sie aufgeweckt. Neben ihr lag Matthias und schlief. Sie sah ihn im fahlen Licht, und sie erschrak, weil er ihr so nahe war. Vertrauensvoll schlief er in ihre gemeinsame Zukunft hinein, bereit, darüber zu reden, sobald er erwachte. Und dann? Der Gedanke schreckte sie auf. Sie saß aufrecht im Bett und erstarrte in Abwehrbereitschaft. Gegenüber im Wandspiegel sah sie ihr Gesicht: ihre breite, eigensinnige Stirn, ihre gutgeschnittenen Wangen, ihr dunkles, halblanges Haar, ihren geraden Mund, der

nie blühend gewesen war und daher auch nicht welkte, der fest und alterslos blieb. Dies alles hatte sich in fast vierzig Jahren zu etwas sehr Gültigem zusammengetan, das ihr und sonst keines Menschen Eigentum war. Dieses Gesicht im Spiegel gehörte zu ihr wie ihr Name, dem es auf unbegreifliche Weise entsprach, als hätte er mitgeholfen, es zu formen. Sie fühlte: Wenn sie ihren Namen aufgab, war sie in Gefahr, eine Übereinstimmung zu verlieren, die stärker als jede Bindung war, nämlich die Übereinstimmung mit sich selbst. Sie sah ihr Gesicht. Es war nichts Fremdes an ihm, und sie erkannte es als ihren Gefährten, den einzigen, der für sie noch in Frage kam und den sie auf die Dauer noch dulden konnte. Zu diesem Bildnis im Spiegel gehörte ihr Leben. Es war nicht mehr formlos, sondern vollkommen kristallisiert, nicht mehr umzuschmelzen und nimmermehr zu verändern: ihre Wohnung, ihr Beruf, ihre Heimatstadt. Sie konnte nicht fort von dem allem, nicht fort von sich selbst. Hierfür war es ein wenig, doch unwiderruflich zu spät. Sie konnte und wollte das Ja zu ihrem Alleinsein, dieses endlich ehrliche, wenn auch schwierige Ja nicht mehr zurücknehmen und in ein Nein verwandeln. Das hieß, daß sie Matthias verlassen mußte. Sie fühlte den Schmerz, der sie scharf und feindlich durchschnitt, und war entschlossen, ihn abzutöten — jetzt gleich. Matthias, der ahnungslos Schlafende, half ihr dabei.
Er schlief mit offenem Mund. Sein Gesicht war schlaff und entstellt. Eine unkontrollierbare Schwäche und Kläglichkeit war Carlas kritischen Augen preisgegeben — ein Anruf an ihren Großmut und ihre Einsicht. Ein wenig guter Wille hätte genügt, ein wenig zärtliche Nachsicht, die sich bereits in ihr regte. Es wäre so leicht gewesen, ihm zu verzeihen und ihn ob seiner Wehrlosigkeit noch lieber zu haben. Carla aber wollte

nicht nachsichtig sein. Sie wollte heil davonkommen und sonst nichts. So bekräftigte sie jenen ersten Widerwillen, den ihr Geliebter nichtsahnend in ihr erweckte, stieß Matthias in Gedanken von sich und faßte den Entschluß, ihn sofort zu verlassen. Er regte sich schon. Bald würde auch er erwachen. Sie mußte sich beeilen mit ihrer Flucht. Hastig und leise zog sie sich an, faßte ihr Haar mit einem Stirnband zusammen, stopfte alles, was sie herumliegen hatte, in ihren Koffer und machte ihn vorsichtig zu. Noch ein letzter Blick in Matthias' Gesicht. So wollte sie ihn von nun an immer sehen — immer, wenn die Erinnerung kam und sich anschickte, weh zu tun —, wie er häßlich und hemmungslos schlief.

Sie nahm ihren Mantel über den Arm und bewegte sich auf den Zehenspitzen zur Tür. Der Fußboden knarrte, Carla erschrak und sah, daß sie Matthias aufgeweckt hatte. Er hatte die Augen offen und schaute sie an — und sie stand mit ihrem Koffer neben der Tür. Nun würden die Fragen kommen, und das war schlimm. Er hatte wieder sein waches, beherrschtes Gesicht, das Gesicht, das sie liebhaben mußte, auch wenn sie fortging. Sie konnte in diese erstaunten Augen hinein keine harten, alles zerreißenden Worte sagen.

Da machte er die Augen wieder zu.

Der blaue Dragoman

Ich wollte mir keinen Dragoman mieten. Wenn ich auf Reisen war, war ich lieber allein. An diesem Morgen wollte ich Luxor entdecken. Ja, eine Entdeckung und keine Besichtigung sollte es sein.
Für die Fahrt hatte ich eine Pferdekutsche gemietet und mir einen Fliegenwedel aus Hanf gekauft. Der Morgen war noch kühl und ließ mich in Frieden. Dafür umschwärmten mich Kinder, hüpften vor mir auf und ab und forderten kreischend von mir: »Bakschisch! Bakschisch!« — Ich teilte mein Kleingeld aus und hoffte, nun Ruhe zu haben. Aber die Kinder bestanden mit größerem Nachdruck auf Geld. Sie flitzten neben der Kutsche her und stießen jedesmal, wenn der Kutscher sie anschrie und seine Peitschenschnur in das Rudel hineinschnalzen ließ, ein rachedurstiges Klagen und Heulen aus. Da ich ihnen keine Münzen mehr geben konnte, bewarfen sie mich mit Steinen und Straßenkot, verloren Zeit mit dem Suchen, Bücken und Zielen, schrien auf, als wir ihnen entwischten, und trollten sich mißgestimmt.
Es war Mai. Im Niltal war schon Getreideernte. Die Straße führte an Stoppelfeldern vorbei. Mir fiel ein Druschplatz auf, der im Schatten eines niedrigen Baumes mit einer breiten und flachen Schaumkrone lag. Das Getreide war auf den Boden geschüttet, zwei Rinder im Joch gingen darauf im Kreis herum und zogen einen Schlitten mit hölzernen Kufen, den ein

Mann mit dem Gewicht seines Körpers beschwerte. Der Schlitten zerhäckselte die Getreidehalme. Die beiden Rinder traten die Körner heraus. Diese geruhsame, archaische Arbeitsweise — wahrscheinlich die gleiche wie in der Pharaonenzeit — gefiel mir, und ich bat den Kutscher, zu halten. Er lenkte sein Gefährt in den Schattenbereich. Über dem Druschplatz lag eine summende Hochsommerstille. Die Schlittenkufen knirschten im trockenen Stroh. Ich glaubte im Trotten der Rinderhufe das Platzen der Hülsen und das Rieseln der Körner zu hören. Es war nicht Gegenwart, nicht Vergangenheit, es war ein Augenblick im Sothisjahr.
Ich wäre gerne noch länger in diesem Schatten, in dieser rieselnden, summenden Stille geblieben, doch war schon wieder ein bettelnder Knirps bei mir. Er wollte eine Zigarette haben und war nicht gesonnen, auf meinen Wink zu verschwinden. Ich hatte keine Zigarette mehr — nur die eine, die ich soeben rauchte. In diesem Moment hatte ich sie erst angezündet. Damit mich der Knirps in Ruhe ließ, gab ich sie ihm. Er nahm sie und rannte über das Feld. Schon schickte ich mich an, ihn zu vergessen, doch in diesem Moment stand ein junger Mann auf dem Trittbrett. Ich hatte ihn nicht kommen sehen. Plötzlich war er da und erschreckte mich. Sein unverhofftes Erscheinen war wie ein Angriff auf mich, und auch das Gesicht des Mannes war angriffslustig. Es war ein intelligentes, hübsches Gesicht, ein schmales Semitengesicht mit tabakbrauner Haut, mit schwarzen, geraden Augenbrauen und einem kräftigen, gutgeschnittenen Mund. Auch das kleine, glatte Lippenbärtchen, das zu solchen Männergesichtern gehört, war da. Ich schaute in ein Gesicht, das nicht auffiel, aber stimmte. Ich hätte es gern sympathisch gefunden, doch es verwahrte sich

gegen mein freundliches Urteil, indem es geradezu vor hämischer Bosheit glühte. »Do you like a cigaret?« fragte der junge Mann und gab mir meine Zigarette zurück. Ich erkannte sie an ihrem geschwärzten Ende. Als mir endlich die passende Antwort einfiel, nämlich die, er möge lieber darauf achten, daß der Knirps, als dessen Anwalt er auftrat, nicht bettelte und den Leuten lästig fiel, war er schon wieder fort und hatte nach Punkten gesiegt.

Ich ließ mich zu den Ruinen von Karnak bringen, ging eine Weile zwischen ihnen umher, sagte mir vor, daß sie groß und gewaltig seien, fühlte mich irritiert und fuhr bald wieder ins Hotel.

Am nächsten Morgen ging ich zur Rezeption und äußerte den Wunsch, einen Fremdenführer zu mieten. Ich redete mit demselben Mann, der mich gestern gefragt hatte, ob ich nicht einen Dragoman wünschte, und dem ich gesagt hatte: »Nein. Diese Leute stören mich nur.« Er blickte mich kurz und verständnisvoll an und lächelte mit den Augen, als er mich um Geduld bat. In einer Stunde werde ein Dragoman da sein.

Ich saß in der Halle, als er kam, und sah ihn im Gegenlicht durch die Glastür treten. Er war sehr groß und trug ein langes blaues Gewand. Mir fiel auf, daß dieses Blau sehr schön und ganz rein war, eine kühle, traumhafte Farbe von großer Intensität. Als der Dragoman sich in der offenen Tür bewegte, entfaltete sich sein Gewand und umwehte ihn und war einen Augenblick wie vom Licht gebläht. Er kam leuchtend herein und erlosch im Zwielicht der Halle. Ich schaute in sein Gesicht. Es war tabakbraun und schmal, ein Semitengesicht mit schwarzen, geraden Brauen. Die Gesichter dieses Menschenschlages ähneln einander sehr, und trotzdem erkannte ich dieses eine wieder. Ich erschrak. Wahrscheinlich errötete ich sogar. Mein erster Impuls war, diesen Dragoman abzulehnen. Dann begegnete ich seinem höflichen, ruhigen Blick und wußte, daß er mich nicht wiedererkannte. Er grüßte und nannte mir seinen Namen, und ich ging wortlos und entwaffnet mit ihm.

Der blaue Dragoman lieferte mir ein erstaunliches Beispiel, wie ein Mensch sich durch seine Kleidung verändern kann. Gestern, mit seinem offenen Hemd und den achtlos aufgekrempelten Ärmeln, hatte er sehr ungestüm und sehr jung gewirkt. Heute, in seinem wehenden blauen Gewand, sah er unwirklich aus wie ein Tempelpriester. Er ging mit gemessenen Schritten neben mir her, winkte eine Kutsche herbei und bot mir, als diese beim Einsteigen schwankte, den Arm.

Er hatte mir seinen Namen genannt, doch mir war nur sein Vorname, Hassan, im Gedächtnis geblieben. Das war ein einschüchternd männlicher Name, scharf wie ein Messerschnitt und unerhört stolz. Mein Dragoman fragte mich, ob ich Karnak besuchen wollte, und ich hätte beinahe gesagt: »Dort war ich schon gestern.« Doch dann fiel mir rechtzeitig ein, daß das Gestern vergessen sein sollte, und ich stimmte mit einem Kopfnicken zu: nach Karnak.

Heute sah ich in Luxor keine Kinder. Keine bettelnde, kreischende Horde lief neben uns her. Und auch der Tempel von Karnak war nicht der gleiche wie gestern. An diesem Morgen stürmte er auf mich ein und zerschlug meinen Maßstab samt den Wortmarken: »groß« und »gewaltig«. Was gestern nur eine Ruinenstätte, wenn auch eine eindrucksvolle, gewesen war, stand heute als Tempel des Reichsgottes Amun da. Mein Dragoman führte mich durch ihn und war kein Schulmeister, sondern ein Märchenerzähler. Von Menschen geschaffene Räume umgaben uns. Sie waren weit und klar und nach oben hin offen. Die Riesensäulen erreichten und trugen den Himmel — ein tiefblau leuchtendes Tempeldach. Eine einzeln stehende Säule nahe beim Eingang verdeckte die Sonne mit ihrem Kapitell, das breit und wie eine Opferschale geformt war, und das Feuer der Sonnenkorona brannte darin. Ich horchte auf meinen Märchenerzähler. Er redete — und was er sagte, geschah. Thutmosis der Dritte erwachte zum Leben und haßte seine Stiefschwester Hatschepsut, seine Gemahlin, die Königin. Er riß die Macht an sich und beseitigte Hatschepsut, ließ jedes Bildnis zerstören, auf dem sie zu sehen war, und tötete sie damit zum zweitenmal und für immer. Amenophis der Dritte lebte und nahm die bürgerliche Teje zur Frau, König Ramses der Zweite ließ seine Statuen meißeln, so überlebensgroß, wie er sich fühlte. — Männer und Frauen, Leben und Weiterleben, ein Haß, der noch eine tote Königin schändet — und wahrscheinlich auch Liebe, die kein Chronist überliefert hat.

Am Nachmittag fuhren wir zu den Königsgräbern. Sie lagen westlich des Nils, im Totenbezirk. Auf der Hinfahrt, bei der es nichts zu erzählen gab, saß Hassan still neben mir und schaute mich nicht einmal an. Ich ermunterte ihn, mir von sich zu erzählen, und fragte ihn, wo er sein fließendes Deutsch gelernt habe. Er gab kurz und höflich zur Antwort, er habe Sprachen studiert und verdinge sich zuweilen als Dragoman, um seine Kenntnisse in Schwung zu halten. Ich schaute ihn von der Seite an und dachte: Hassan, der Mann mit dem schönen, gefährlichen Namen. Wer ist er? Wie lebt er? — Er sagte es mir nicht.

Die Straße führte durch eine Schlucht in das Thebanische Gebirge hinein. Die Sonne war weiß und gab ein brennendes Licht. Erst in den Königsgräbern war es kühl. Osiris warb mit Milde um jeden, der bei ihm eintrat.

Das Leben, das die Abgeschiedenen führten, war aus dem Raum in die Fläche zurückgekehrt. In reinen Farben leuchtete es von den Wänden: das Totengericht, der Horusfalke, der hundeköpfige Totenbestatter Anubis.

Hier unter der Erde, in der Stille, dem Dämmerlicht, kam mir das Alleinsein mit einem fremden Mann zu Bewußtsein. Die Enge der Grabstollen übte einen Zwang auf mich aus. Der natürliche Abstand zwischen Hassan und mir war schwerer einzuhalten als draußen unter dem Himmel. Ich wehrte mich gegen diese Annäherung. Ich empfand sie als störend und unstatthaft, obwohl sie nur ein Vorgang in meinem Gefühl war und nichts Entsprechendes geschah. Hassan ging neben mir, sprach erklärende Worte, war sogar höflicher als am Vormittag, so höflich, daß er fast steif und förmlich wirkte — und trotzdem war die Distanz zwischen uns verringert. Er spürte das sicherlich auch und kämpfte dagegen an. Ob er redete, ob er schwieg, in allem war Übertreibung. Seine Stimme stockte zuweilen. Ein brüchiger Klang war in ihr. Das waren die Zeichen der Befangenheit — zweifellos. Ich nützte den Vorteil, nicht reden zu müssen, aus und machte seinen Nachteil damit noch größer. Es war seine Aufgabe, nicht aus der Rolle zu fallen. Ich war nur sein Publikum — wohlwollend, aber wachsam. Ich fand meine Sicherheit wieder, indem ich schwieg, und ihm kam sein fließendes Deutsch immer mehr abhanden. Ich verstand, daß darin eine Huldigung für mich lag, und faßte den Entschluß, sie anzunehmen. Sie sollte eine Entschädigung sein, die Buße für meine Demütigung von gestern.

Was unter der Erde begonnen hatte, konnte draußen im Licht nicht mehr völlig eingedämmt werden. Die Spannung, die mich zu Hassan hinzog, blieb, doch war sie nicht stark genug, um gefährlich zu werden. Sie war angenehm und erhöhte mein Selbstgefühl. Hassan war weiterhin um Distanz bemüht, nur streifte mich manchmal sein Arm, wenn wir nebeneinandergingen.
Wir fuhren nach Deir el Bahari, zum Totentempel der Hatschepsut, der in einem heißen, rotbraunen Felskessel stand. Ich wunderte mich über seine Klarheit und Unversehrtheit. Vollzählig und in genau bemessenem Abstand, zwischen langen, ungebrochenen Parallelen verankert, waren die Tempelsäulen zu Hallen gereiht, standen Rampen kantig und festgefügt da und erstreckten sich breit von einer Terrasse zur nächsten. Mit großen horizontalen Flächen war dieser Stufentempel in die Landschaft gefügt, die ihn felsig, mit schroffen, lotrechten Klüften in einem bizarren und theatralischen Halbrund umfing. Nichts war weich oder weiblich an diesem herrlichen Bau, an dem die Zeit sich vergeblich gescheuert hatte und der nach fast viertausend Jahren so alterslos dastand, als wäre er erst ein Entwurf auf dem Zeichenbrett.
Ich bat Hassan, mir mehr von Hatschepsut zu erzählen. Er sagte, sie habe ihr Land zu Frieden und Wohlstand geführt, und zeigte mir Zeichnungen an den Tempelwänden, die von dem Leben unter ihrer Regentschaft erzählten. Kein Krieg, kein Gemetzel, sondern friedliche Expeditionen, die Fahrt nach Somaliland — in das Weihrauchland Punt. Bienenkorbähnliche Hütten, Palmen, ein ruhendes Rind, die fette Fürstin von Somaliland. Wir standen vor einem steinernen Bilderbuch, lächelten und wendeten plötzlich einander den Blick zu — in einem Moment, in dem ich

mich schlecht bewachte. Als ich zuließ, daß Hassan mir in die Augen schaute, war es mir klar, daß ich mir eine Blöße gab. Er überbrückte die Distanz, die ich sorgfältig zwischen uns einhielt, auf einem geraden und unabgesicherten Weg und befand sich im innersten Kreis, bevor ich ihn abwehren konnte. Ein freier, uneingeschränkt bewundernder Blick, der eine Frage stellte und eine Antwort erhoffte, traf mich, und ich erschrak. Ich dachte: Keinen Schritt weiter! Das war nun kein Spiel mehr. Das war schon ein Kräftemessen. Ich äußerte eilig den Wunsch, nach Hause zu fahren. Dies war meine Antwort — und meine Errettung um Haaresbreite.

Am anderen Morgen, als ich wiederkam, schlug Hassan mir vor, in das Dorf der Töpfer zu fahren. Als ich zustimmte, war das wieder ein Schritt zu ihm hin. Das Töpferdorf, in das er mich führte, war ein Schock aus Hitze, Armseligkeit und Gestank. Die Wege waren staubig und schmal und von mannshohen Lehmmauern eingesäumt, die die gespeicherte Sonnenglut widerstrahlten und keinen Schatten warfen, in den man sich flüchten konnte. Kadaver von Katzen und Hunden lagen umher, halb verwest, halb mumifiziert, und verströmten Miasmen. Die Lehmmauern waren von Toröffnungen unterbrochen. Vor einer Toröffnung blieb der Dragoman stehen und forderte mich zum Eintreten auf. Ich betrat einen kleinen ummauerten Hof, in dem eine fensterlose Lehmhütte stand. Den Großteil des übrigen, unverbauten Hofraums nahm ein Haufen aus Kehricht und Tierexkrementen ein, auf dem schmutzige, krank aussehende Hühner hockten. Vor der Tür zur Lehmhütte stand eine junge Frau mit einem entsetzlich leeren, fast toten Gesicht. Sie trug ein schwarzes Gewand und war hochschwanger. In ihren Händen, die sie mechanisch bewegte, hielt sie

ein langes, formloses Strickzeug aus schwarzem Garn. Hassan richtete ein paar Worte an sie, da trat sie gleichgültig ein paar Schritte beiseite und gab mir Gelegenheit, in die Hütte zu schauen. Sogleich stob mir gackernd und kreischend ein Huhn entgegen. Staub und Federn flogen um mein Gesicht. Dann hüllten mich Schwaden von schlechter Luft, von scharfer, menschlicher Ausdünstung ein, und ich hatte Mühe, meine Übelkeit zu bezwingen. Das Wohnloch, in das ich schaute, war zuerst vollkommen schwarz und erhellte sich langsam im Streulicht, das durch die Tür fiel. Ich gewahrte im Winkel am Boden etwas wie eine Bettstatt, sah ein paar aufgehängte Kleiderfetzen und machte erschrocken kehrt, als der Brechreiz wiederkam. Ich flüchtete aus der Hütte und aus dem Hof und hatte das Gefühl, auch vor Hassan fliehen zu müssen, damit er mir nicht noch einmal so etwas zeigte.
Er führte mich aus dem Dorf, an den Gruben vorbei, in denen die Töpfer saßen und ihr Handwerk ausübten. Eine böse Hitze lag über dieser lehmgelben Welt. Hassan fragte mich, ob ich eine Erfrischung wünschte, und brachte mich, als ich bejahte, zu unserer Kutsche zurück. Wir gelangten nach kurzer Zeit zu einem Gutshof, einem großen Hof mit Bäumen und weißen Gebäuden, der nirgends durch Mauern eingeengt und trotzdem etwas völlig Geschlossenes war. Auf der Erde lagen hohe Getreidehügel. Aus einem Baumschatten trat mir ein Mann entgegen, ein kleiner, hagerer Mann im weißen Gewand. Er war vielleicht sechzig Jahre alt und hatte ein stilles Lächeln, das mich für ihn einnahm. Er bat mich, im Schatten Platz zu nehmen und begann ein kluges, weitläufiges Gespräch, an dem ich, erschöpft von der Hitze, nur lustlos teilnahm. Sofort bemerkte er es und sagte: »Sie können nicht zuhören, weil Sie an Wasser den-

ken. Ich werde veranlassen, daß man Ihnen etwas zu trinken bringt.«
Ich fand, daß er die Höflichkeit eines weltabgekehrten Weisen hatte, der alles verstehen und billigen kann, aber auch alle seine Gedanken schonungslos ausspricht.
Man brachte mir Wasser in einem irdenen Krug, das kalt und frisch war und wie Quellwasser schmeckte. Nachher kam in einer Kupferkanne Kaffee. Nun wurde mir auch gesagt, wer mein Gastgeber war: Hassans Vater. Und dies hier war sein Besitztum. Mittlerweile war noch eine Schar von Leuten dazugekommen, Familienmitglieder, Gesinde, und alle begrüßten sie mich. Hassan hielt sich im Hintergrund. Er trug auch heute sein blaues Mantelgewand, das sein Berufsgewand als Dragoman war, und somit trat er nicht als mein Gastgeber auf. Er hatte mir nur das Gegenteil jener Fellachenhütte gezeigt und damit ein unvollständiges Bild, das Bild von der Welt, in der er lebte, ergänzt.
Hassan zwang mich, über ihn nachzudenken, und übte dadurch einen Einfluß auf mich aus, den ich als störend und zugleich als erregend empfand. Es wurde also Zeit, daß ich Luxor verließ und weiter nach Süden fuhr — am besten gleich morgen. So sagte ich Hassan am Nachmittag, daß ich nur noch heute seine Dienste beanspruchen werde. Meine Stimme reicherte ich mit künstlichem Hochmut an. Ich bemerkte, als es gesagt war, das Kopfrucken Hassans. Er schaute mich an, sehr lange und sehr intensiv, und forderte mich damit auf, seinen Blick zu erwidern. Ich blieb aus Schwäche standhaft und schaute geradeaus.
Wir standen in einem der thebanischen Gräber. Die Wände der Grabkammer waren mit duftigen, zarten, doch unglaublich dichten Bildern geschmückt, die nicht

starr und schematisch waren, sondern lebten. Ich sah eine Vogeljagd im Papyrusdickicht, den Grabherrn, sein Wurfholz schwingend, auf einem Floß, ein Gewimmel von Fischen im Wasser, ein Vogelgeschwirr in der Luft — blaue Vögel und rotbraune Schmetterlinge, eine Wildkatze, in den Leib eines Vogels verkrallt, flüchtig dies alles und zeitlos — das Leben im Tod. Blau entfaltete sich ein Papyrusfächer. Blau war der Halsschmuck, den der Grabherr trug. Ich war hier, um dieses bezaubernde Bild und nicht einen jungen Ägypter anzuschauen, dessen Aufgabe darin bestand, mir das Bild zu erklären. Er tat es, indem er einen Spiegel schwenkte, den Lichtschwall, der durch den Grabeingang kam, durch den dunklen Innenraum wandern ließ und Szene um Szene darin zum Aufleuchten brachte. Und dann war vor meinen Augen plötzlich ein anderes Bild. Hassan hatte den Spiegel geschwenkt und hielt ihn nun so, daß ich mich selbst darin sah, und an meiner Seite, halb hell, halb verschattet, ihn. Das Spiegelbild faßte uns zu einer Einheit zusammen. Ehe ich mich gegen den Überfall absichern konnte, war mein Blick von dem seinen gefangen und klar befragt. Es wurde kein Wort gesprochen, doch ich begriff. Ich sah Hassans dunkles, ernstes Gesicht und, alles überstrahlend, das Blau seines Mantels, märchenblau und dem wirklichen Leben entrückt — ein Zauber, dem ich nicht anheimfallen durfte. Mein ganzer abendländischer Hochmut stand auf und gebot mir, den Kopf zu schütteln: Undenkbar! — Diese Gemeinsamkeit, die Hassan hergestellt hatte, war nur ein Traum in einem blauen Papyrusdickicht, die blauen Vögel flogen darüber hin — doch ein rotbrauner Mann schwang sein Wurfholz und tötete sie.

Ich wünschte Hassan nie mehr wiederzusehen und

glaubte mir diesen Wunsch bis zum nächsten Tag. Dann aber, als ich auf dem Bahnhof stand und Hassan plötzlich auf mich zukommen sah, wurde mir der wahre Sachverhalt klar.

Hassan trug nicht mehr sein blaues Märchengewand, sondern einen gestreiften Anzug und ein offenes Hemd. Sehr jung sah er aus, und sehr stark zog es mich zu ihm hin. Auch seine Stimme war anders als in den Tagen vorher. Sie klang freundlich und unbefangen, als er mir sagte, er hätte ebenfalls in Assuan zu tun. Er stieg mit mir ein. Es war alles alltäglich und harmlos. Ich hatte keine Handhabe gegen ihn.

Da nun ein weiterer Schutzwall durchbrochen war und ich darauf vertraute, daß der innerste hielt, bewilligte ich mir eine kleine Romanze. Ich sagte mir, daß ab einem bestimmten Stadium der Verliebtheit jedes Ankämpfen gegen die Leidenschaft dieser nur förderlich sei. Dies zu vermeiden, mußte ab nun meine Taktik sein.

Die Bahnfahrt ging zwischen fahlgelben Bergen dahin, Kieswüste wechselte mit Schwemmland, die Zeit verstrich. Hassan, der mir gegenübersaß, redete unverfängliche Worte mit mir, und alles, was sich ereignete, war erlaubt. Das Gefühl des Bedrohtseins von gestern war einer Erwartung, ja fast einer angenehmen Neugier gewichen. Plötzlich, erschreckend unmittelbar, bot Hassan mir eine Zigarette an. Er entnahm sie der Packung und hielt sie mir hin, mit der gleichen Gebärde wie vor einigen Tagen, und sagte mit ernster Stimme: »Bitte, verzeihen Sie mir!« Und ich sagte nichts, holte nur mein Erröten nach. Ich nahm die Zigarette und rauchte sie. Die Aschenkuppe wuchs zwischen meinen Fingern. Durch den Rauch sah ich Hassan, jung, mit offenem Hemd und mit Ungestüm in den Augen — wie vor Tagen.

In Assuan kam er am Nachmittag in mein Hotel und lud mich zu einer Bootsfahrt ein. Er wollte mir die Nilkatarakte zeigen. Meine Bereitschaft, eine Romanze mit ihm zu erleben, war nicht mehr zu widerrufen — so fuhr ich mit ihm.

Der Nil floß jung und grün zwischen Grauwacken und Granit. Aus dem Wasser ragten Steine wie Elefantenrücken oder wie Herden badender Flußpferde auf, braun oder grau oder von einem trockenen Olivgrün. Das Wasser war manchmal seidig und glatt, rann manchmal strähnig und schnell zwischen engen Passagen dahin oder war narbig und quaddelig, wo es verborgene Wirbel und Strudel in ihm gab.

Hassan war heiter, selbstsicher und gesprächig. Zum erstenmal wollte er wissen, woher ich kam, wer ich war, wie ich lebte, und ich erzählte es ihm. Ich sagte ihm, daß ich Geographin war und eben mein Studium beendet hatte, daß ich das Herumzigeunern liebte und mit einem Frachtschiff nach Ägypten gekommen war. Für das nächste Frühjahr war mir eine Stelle als Hochschulassistentin in Aussicht gestellt, und bis dahin war ich frei. Ich betonte das letzte Wort. Ich war frei und wollte es bleiben — das mußte zwischen uns klar sein. Hassan schaute mich an und widerlegte mich wortlos.

Ein Leuchten war in der Luft. Das Wasser war jung und rein. Unser Segelboot schwebte von Ufer zu Ufer. Auf der Höhe der Nilkatarakte liegt die Insel Sehêl. Dort stiegen wir aus und gingen ein Stück landeinwärts. Unser Bootsmann suchte sich einen Schatten und legte sich schlafen. Unmittelbar war ich wieder mit Hassan allein. Wir gingen über weißen, muldigen Sand. Niedrige Sanddünen warfen uns ein grelles Streulicht entgegen. Eine Gruppe von Palmen war in der Nachmittagshitze erstarrt, die aus dem prallen, platzenden Sonnenball ausrann. Wir gingen auf einen

Felsen zu, und ich sah, daß in Steinplatten Bilder eingeritzt waren: Hieroglyphen, Gott Chnum mit dem Widderkopf, ein König mit der Krone von Oberägypten.
Ein eckiger Fußpfad führte auf den Felskopf hinauf. Hassan stieg mir voran, machte große Schritte, fand Griffe, schwang sich an ihnen höher hinauf und stand oben, dunkel in einem grellweißen Blickfeld. Ich stieg durch Hitzeschwaden, die quälend waren. Mir schien, als käme das Brennen auf meiner Haut von einer heißen Substanz, mit der ich gepanzert war, von einer erstarrenden Schmelze, die sich über mich ergoß. Oben bei Hassan fand ich in einem Felsspalt Schatten. Ich lehnte mich eine Weile fest und flach an den Stein, damit mich der Glutschwall der Sonne nicht mehr erreichte. Dann schaute ich vorgebeugt in das Niltal hinunter, sah flußabwärts kühles, flutendes Grün und flußaufwärts die steinerne Landschaft der Katarakte, ausgewaschene Rinnen und zackige Wände, wirr zernarbt wie abgenagte Maiskolben. Und noch weiter oben, im flirrenden Lichtdunst, der Staudamm. Und neben mir Hassan, unentwegt gegenwärtig. Er hatte sich zwischen mich und die Sonne gestellt und schenkte mir, mit der Hand an den Felsen gestützt, seinen Schatten. Ich fühlte den Schatten nicht, wohl aber Hassans Wärme, einen starken, ununterbrochenen Strom, den ich nicht mit dem Körper, sondern auf andere Weise wahrnahm und von der Sonnenwärme deutlich unterschied. Hassan blickte auf mich nieder und sagte: »Heute bin ich nicht mehr Ihr gemieteter Dragoman.« — Ich wurde matt und verlor mein Raumgefühl, sah flirrendes, kreisendes Licht und als Ruhepol Hassans Blick — den dunklen Glanz seiner Augen, befehlsgewohnt, und fühlte, daß man vor Begehren eiskalt werden kann. Gefahr war im Spiel —

eine klar erkannte Gefahr. Wenn ich nur die flüchtigste körperliche Berührung zuließ, in diesem Moment, da mir Hassan so nahe war, daß in meinem Ohr schon die Katarakte des Hinstürzens tosten, würde dies meine völlige Unterwerfung sein. Ich gab zur Antwort: »Nein, heute bin ich Ihr Gast.« Und damit war meine Widerstandskraft verausgabt. Wenn Hassans Augen auf ihren Wünschen beharrten — auf Wünschen, die auch die meinen waren, so stark, so leicht erfüllbar —, ja, was dann? Er aber trat zurück und sagte: »Das weiß ich.« Die schaukelnde, flirrende Welt bewegte sich wieder ins Lot, und ich fühlte, als intensiven Schmerz, ihr Erstarren.
Wir fuhren zurück, und der Abend kam. Eine schwere Abendröte lag über dem Flußtal. In Assuan nahm ich von Hassan zum zweitenmal Abschied.
In der Stadt war die Luft sehr schwül und unangenehm. Sie gerann, sie stockte wie Fett und machte mich schmierig. Ich fühlte mich plötzlich müde und ausgezehrt und schleppte kraftlos meinen Körper mit mir. Als ich einmal den Blick hob, bemerkte ich, daß eine fahle Dunstschicht den Himmel bedeckte.
Die Nacht, die heranschlich, wurde beklemmend und lang. Eine abgestandene Hitze füllte das Zimmer. Ich glaubte, unter ihrer Last begraben zu sein, und focht einen Kampf gegen das Erdrücktwerden aus, kämpfte schlaff und ermattet und von Anfang an aussichtslos. War ich anfangs viele Stunden hellwach gewesen, so sackte ich unvermittelt in etwas hinein, das eher eine Betäubung war als ein Schlaf. Ich hatte Träume, die beängstigend waren, da ich sie von der Wirklichkeit nicht unterscheiden konnte und nur eine kleine Verschiebung erlebte, breit genug, um das Bedrohliche einzulassen. Ich hatte im Traum die Augen offen — wenigstens glaubte und fühlte ich das — und sah, daß

ich in meinem Hotelzimmer lag. Alles Mobiliar war an seinem Ort und klar zu identifizieren. Doch an meinem Bettrand saß Hassan und schaute mich an, grinste, war seiner Beute sicher und machte obszöne Bewegungen, die mich entsetzten. Dann wieder war er voll nobler Resignation, saß da und schützte mich vor der Bedrohung durch ihn. Und ich floh, einmal zu ihm hin, einmal von ihm fort, wollte um Hilfe schreien und konnte es nicht, lag stimmlos auf dem Schlammgrund meines Erschöpfungsschlafes und fühlte die Schreie in meiner Kehle vergurgeln. Vor dem offenen Fenster nahm ich eine Bewegung wahr, ein Zischeln und Sausen zuerst, dann ein Rütteln und Dröhnen. Dämonen führten ihren entfesselten Tanz auf, lauerten, daß ich starb und meine Seele hinausflog, schrien, brüllten und stritten schon jetzt und erprobten das Reißen der Beute, die ihnen gewiß war. Immer tiefer sackte ich in den Sog einer Schwärze hinein, versuchte mich aufzubäumen und wollte noch leben, wollte zu Hassan, der hoch oben zurückblieb und mich anschaute — doppeldeutig und doppelgesichtig. Noch war es ein Schlaf, doch jetzt gleich würde es der Tod sein — da schrie ich mit letzter, verzweifelter Kraft und erwachte.

Eine fahlgelbe Morgendämmerung war vor dem Fenster, und das Sausen und Rütteln hielt an. Ein Sandsturm war ausgebrochen. Eine mehlig getrübte Luft war im Raum, hatte überall Staub abgelagert und hemmte den Atem. Immer noch wurde Staub durch das Fenster gepeitscht. Ich schloß es, gegen den Anprall des Sturmes kämpfend. Papierfetzen stoben in reißendem Flug vorbei, ein großes Stück Wellpappe stieg in einem Sturmwirbel senkrecht nach oben, die Palmwedel waren straff in die Horizontale gebogen, schlugen um sich, und die Palmstämme knarrten.

Ich legte mich wieder auf mein staubiges Bett, bemüht, nicht mehr einzuschlafen, und atmete freier. Nein, es war keine Bleibe in diesem Land. Je eher ich wieder nach Norden fuhr, desto besser. Durch den rachsüchtig heulenden Sandsturm fuhr ich zum Bahnhof, stieg aus dem Taxi, wurde schwefelgelb angefaucht, mein Haar wurde mir wild um den Kopf gefetzt, und mein Kleid stieg aufgebauscht an mir in die Höhe. Erst als ich im Zug saß, fühlte ich mich halbwegs außer Gefahr. Ein Blick in den Handspiegel zeigte mir, daß mein Gesicht mit Staub überkrustet war. Ich sah eine Maske aus Gips und darüber zottiges Hanfhaar. Mir grauste vor meinem Anblick, ich suchte den Waschraum auf und verließ ihn zwar nicht gepflegt, aber menschenähnlich. Ich lehnte mich in den Fensterwinkel, genoß das Gefühl der Erfrischung, der Sicherheit, den Geruch nach Juchtenwasser auf meiner Haut, wollte die Augen schließen und sah Hassan.

Er saß ein paar Bankreihen von mir entfernt, eingestäubt und verkrustet, doch unbekümmert, saß ruhig auf seinem Platz, mit dem Rücken zu mir, und ließ mir die Möglichkeit, ihn nicht zu bemerken. Nun gut, er war da und fuhr, so wie ich, nach Hause. Nur war ich woanders daheim als er — ganz woanders. Ich bekräftigte diesen Gedanken, indem ich aufstand und mich so hinsetzte, daß ich Hassan nicht mehr sah. Starrsinnig schaute ich in die Sturmwelt hinaus, die von den fliegenden Sandfahnen schräg gestriemt war.

Wir fuhren. Im Waggon herrschte schläfriges Schweigen. Auf einer der Sitzbänke hockte ein betender Moslem. Ernst und gesammelt verneigte er sich gegen Mekka, richtete sich auf und verneigte sich abermals und hielt, als der Zug sich durch die Bergschluchten wand, mechanisch und instinktiv die Richtung nach

Osten. Meine Himmelsrichtung war Norden, doch fühlte ich nicht, wo das war. Hassan, der Fremdling, zog meine Gedanken an sich.

Der Sturm zerrüttete und zerstäubte das Land, bog wühlend die Wedel der Palmen, zerschliß ihr Gefieder und züchtigte geduckte Fellachenfrauen, die eingemummt über die Feldwege gingen. Ein neidisches Gelb fraß die Welt. Sie würde nie wieder blau sein. Und ich verließ meinen blauen Dragoman. Ich trug dazu bei, daß das Häßliche, Fahlgelbe siegte, indem ich etwas grausam Vernünftiges tat. Ich tat das Notwendige, Richtige, einzig Erlaubte. Ich tat es. Es mußte sein, ich konnte nicht anders.

Ich stand auf, tat ein paar Schritte und setzte mich neben Hassan und wußte, daß er die ganze Zeit, seit Beginn meiner Flucht vor ihm, vielleicht schon seit Tagen, insgeheim zuversichtlich gelächelt hatte.

Umkehr in Çiftehan

Jetzt bin ich es schon gewohnt, allein zu verreisen. Es ist eine Vorübung auf die Einsamkeit, auf eine andere als die selbstgewählte, und damit kann man nicht früh genug beginnen. Es sind noch keine zehn Jahre her, seit ich mit Gregor auf derselben Straße wie heute fuhr: von Ürgüp über Yeşilhisar nach Niğde, von der Hochfläche mit ihrer regenzernagten und windgeschliffenen Irrsinnslandschaft aus Tuff in eine weite, grüne Ebene hinab, über der jetzt eine lockere Wolkendecke und ein leuchtender, irisierender Sprühregen hing. In der Nacht waren über dem Taurus, der weiter im Süden lag, schwere Unwetter niedergegangen. Die Bergketten waren von brodelnden Dünsten verhängt, doch die Ebene unten in ihrem glimmernden Grün unter rosa Schleiern lag im Perlmutterglanz.

Damals, als ich hier mit Gregor gefahren war, war die Luft bis in große Höhe voll Staub gewesen. Der Staub hatte alles wie eine Kruste aus Gips bedeckt. Aber trotz vieler Enttäuschungen, die wir erlebten, ist jene Reise mit meinem Mann, die unsere letzte gemeinsame Reise gewesen war, in meiner Erinnerung eine glückliche Zeit. Heute war das Reisen Gregors Beruf. Ich sah ein, daß er seine Freizeit in Ruhe verbringen wollte, statisch, kontemplativ, in Garten und Haus. Und er sah ebenso ein, daß ich, die ich eine monotone Büroarbeit hatte, zum Ausgleich gelegentlich reisen wollte. Wir gaben uns Mühe, einander nicht zu vermissen. Ich durfte nicht böse sein, daß ihm das besser gelang als mir. Mein Zusammenleben mit ihm war auf Einsicht und Rücksicht gegründet. Zu manchen Zeiten sagte ich mir, das sei der solideste Boden für eine Ehe, die, so wie wir beide, nicht mehr die jüngste war. Dann war es mir wieder, als schwimme der Boden mir fort und ließe mich in einer unheimlich leeren Welt, in der ich gar nicht wirklich existierte, zurück, als wäre ich nur noch eine Skizze meiner selbst. Auch jetzt, auf der Fahrt in die Südtürkei, fühlte ich das.

Je weiter ich in das Flachland hinunterfuhr, um so mehr verdichtete sich das geheimnisvoll glimmende Grün in die handfesten Farben von regenzerweichten Äckern, und der ehemals leuchtende Schleier wurde zu lichtlosem Dunst. Ich fuhr durch einen Ort mit triefenden Bäumen. Bahçeli, »Im Garten«, hieß er. Ich erinnerte mich an ihn von der Reise mit Gregor und dachte an die verstaubten Granatapfelbäume mit ihren birnenförmigen, lederhäutigen Früchten, die an gebogenen Zweigen über die Mauern gehangen waren. Das Laub war ganz fahl von der Hitze gewesen. Jetzt war es von den Gewittern aufgefrischt. Es war früh im Juni. Die Granatäpfel blühten noch, klein und feuerrot wie aufgesperrte Vogelschnäbel im Laubnest.

Im Umkreis von Bahçeli waren die Felder zerstört. In ausgedehnten, seichten Lehmwasserseen wateten Gruppen von Männern in hohen Stiefeln. Oft fuhr ich durch solch eine sprudelnde, ackerbraune, die ganze Straßenbreite bedeckende Riesenpfütze und hörte den harten Anprall des Wassers am Bodenblech.

Bevor ich die Straßenkreuzung erreichte, an der es rechts nach Konya und links nach Tarsus ging, mußte ich aus dem Hochtal noch tiefer hinab. Eine kurze, aber enggewundene, mit vielen Steinen bedeckte Paßstraße lag vor mir. Ich war unversehens in eine Kolonne von Lastwagen, Autobussen und Öltransportern geraten, die Mühe hatten, sich um die Kurven zu zwängen. Sie waren nicht nur durch ihre Schwere und Breite behindert, sondern blieben, sobald ein Fahrzeug entgegenkam, auch ohne Notwendigkeit auf offener Strecke stehen, und aus den Fahrerkabinen wurden Köpfe gereckt. Eine Frage wurde gestellt, eine Antwort gegeben, ein Gespräch mit lebhafter Mimik und vielen Gebärden begann. Doch es klang nicht wie ein Dorf- und Familientratsch, den man an ungeeigneter Stelle abhielt. Mir fiel auf, daß die Mienen und Gesten immer die gleichen waren, die Frage war immer besorgt und die Antwort gewichtig, die Stimmen waren jedesmal aufgeregt.

Ich erreichte die Kreuzung, an der es nach Konya ging. Um dort hinzukommen, hätte ich mich nach rechts wenden müssen wie damals auf der Reise mit Gregor. Diesmal wollte ich durch die Kilikische Pforte, ein uraltes enges Flußtal, ans Mittelmeer und von dort auf der Küstenstraße westwärts fahren.

Ich hatte erst eine kurze Strecke, vielleicht ein paar hundert Meter zurückgelegt, als ein entgegenkommender Lastwagen neben mir hielt, dessen Fahrer mir gestikulierend etwas mitteilen wollte. Mit weiten, wuchtigen Armschwüngen zeigte er an, daß etwas Großes und Schweres herabgestürzt war. Wohin? Vom Gebirge ins Tal, auf die Straße nach Tarsus. Ein paar türkische Worte, die ich zum Teil verstand und zum Teil aus unheilvoll grollenden Lauten erriet, machten mir klar, daß ich umkehren sollte. Die Straße nach Tarsus sei durch die schweren Wetter vermurt. Ich mußte über Konya und Silifke fahren.

Ich beriet mich mit mir und kam rasch zu einer Entscheidung. Ich wollte mich von meiner Absicht nicht abbringen lassen. Es war mir lieber, durch die Kilikische Pforte zu fahren. Der Umweg über Konya war zu groß. Doch war ich mir nicht ganz sicher, ob das der wirkliche Grund war oder ein Vorwand, den ich vor mir selbst verschwieg.
Ich war zuversichtlich genug, den Versuch zu wagen. Umkehren würde ich erst, wenn es notwendig war. Es war mir ein Ansporn und eine Bestätigung, daß ich auf gerader Strecke nun zügig vorankam. Die Straße war gut asphaltiert und keineswegs unheilverkündend. Autos begegneten mir, und ich nahm es als gutes Zeichen. Dann kam ich zur Mure und lächelte, weil sie so klein war. Es gab eine unbedeutende Stauung an ihr, eine Autokolonne verlangsamte ihre Fahrt und hoppelte über einen Hügel von Straßenkot. Hernach ging die Reise weiter, und nichts war passiert. An einer Talenge lag eine zweite Mure, ein wenig ausgedehnter und steiniger als die erste. Auch sie überquerte ich relativ mühelos. Doch bald darauf, als ich auf die dritte stieß und sah, daß das schon ein riesengroßer Bergbrocken war, der einen Personenwagen mit sich geschleppt und über eine Böschung gestoßen hatte, gab man mir abermals einen dringenden Rat zur Umkehr. Es war merkwürdig, daß er mich erschauern ließ. Ich fürchtete mich, aber nicht vor dem Weiterfahren. Die Muren auf der Straße erschreckten mich nicht. Ich schrak vor dem Umweg über Konya zurück. Das war mehr als nur Widerwille — das war Angst. Ich hatte das Gefühl, daß die Fahrt, zu der man mir riet, auf eine besondere Weise gefährlich war, nicht als ob mir dort etwas geschehen könnte, sondern, als ob dort etwas geschehen sei. Es schien mir aber nicht ratsam, es zu ergründen.

Ich packte entschlossen das Lenkrad, gab vorsichtig Gas und ließ mein Auto die dritte Mure erklettern, die von den Radspuren schwerer Lastwagen wild zerpflügt war. Mein Auto zog taumelnd und heulend seine Spur durch den Kot, über Brocken von Felsgestein, die es krachend boxten, an schnalzenden Zweigen entwurzelter Sträucher vorbei und kam noch einmal unversehrt auf festen Asphalt. Nur noch die robusten Fernlaster fuhren in meiner Richtung. Die kleineren Fahrzeuge waren schon umgekehrt. Wir kamen zu einem Ort namens Çiftehan. Hier war eine alte Karawanserei gewesen. »Çiftehan« bedeutete »doppeltes Haus«. Das betraf und berührte mich, das war mehr als ein Wort, und wieder wollte ich nicht wissen, in welcher Hinsicht.

Die Straße erweiterte sich zu einem geschotterten Platz, der vermutlich als Rastplatz für Fernlaster angelegt war. Jetzt drängte sich alles auf ihm, was nach Tarsus wollte. Wo der Rastplatz aufhörte, lief die Straße auf einen Fluß zu. Ich sah reißendes Hochwasser und ein Brückengeländer und eine aufgestaute Wagenkolonne davor. Es gab keine Bewegung und keinen Motorenlärm mehr. Und als ich nach vorn ging, um nachzuschauen, von welcher Art dieses neue Hindernis war, sah ich, daß aus einer Schlucht ein Gießbach gekommen und nicht in das Flußbett abgeströmt war. Ein hoher Erdriegel staute das Wasser zum See.

Ich wußte sofort, daß ich hier jetzt nicht durchfahren konnte. So würde ich warten wie die anderen auch. Schon richteten sie es sich auf dem Rastplatz zum Bleiben ein, ließen sich Tee aus einer Lokanta bringen, kauften in einem Laden frisches Brot, das schon an Ort und Stelle gebacken wurde, und ließen ihre Lebenszeit, die hier in Çiftehan soviel wie überall galt,

mit großem Gleichmut durch die Finger rinnen. Es wunderte mich, daß sie so wenig Notiz von mir nahmen, als sei überhaupt nichts dabei, daß ich bis hierher gelangt war, oder sogar, als könnten sie mich nicht sehen, als wäre ich in Wirklichkeit gar nicht hier. Ich trat in den Laden und kaufte ein Brot und war froh, seine Wärme und damit mich selbst zu fühlen. Dieses Brot existierte für mich und machte mich glaubhaft. Ich war hier nicht fehl am Ort. Oder war ich es doch?
Abermals ging ich zur Brücke und schaute zu, wie einer der Lastwagen sich durch das Wasser mühte und fast bis über die Räder darin verschwand. Eine Schar Männer half mit, sie keuchten und schoben, doch keiner schaufelte den Erdriegel fort oder grub eine Rinne, durch die das Stauwasser abfließen konnte. Es war keine naheliegende Lösung für sie.
Sie waren fremd und hatten fremde Gedanken. Ein unbegreiflicher Abstand war zwischen uns, so fühlbar wie der Abstand zwischen mir und der Welt, zwischen mir und diesem Ort namens Çiftehan, an dem ein Irrweg für mich zu Ende war. Ich mußte umkehren und über Konya fahren, auch wenn es mir unangenehmer als vorher war. Jener Weg war mir vorgeschrieben und dieser verwehrt. Ich wurde von hier zurückgedrängt und gab nach.
Die Rückfahrt über die verwüstete Straße war indessen noch schwieriger und gefährlicher geworden. Zwischen den breiten und tiefen Spuren der Lastwagenräder waren steinige Riegel herausgequetscht, die mein Auto in eine bedenkliche Schräglage drückten. Die kopfgroßen Steine, die das Geschiebe mitgeschleppt hatte, waren herausgeackert und lagen mir störrisch im Weg. An den Bergflanken hatten sich schon wieder Wolken gestaut, schwammige, naßgraue

Regenwolken. Jeden Augenblick konnte es wieder zu schütten beginnen. Ich wußte, daß ich in Gefahr war, doch ich fürchtete mich nicht.

Das Unbehagen fing erst wieder an, als das letzte Hindernis überwunden war, als ich auf gerader Straße durch flaches Land nach Konya fuhr und mich gegen das Nachdenken wehrte. Und es war doch so naheliegend, an Gregor zu denken, mit dem ich vor Jahren durch diese Landschaft gefahren war. Ich sah links, weit weg, die Höhenzüge des Taurus, mitten im Juni mit frischem Schnee bestäubt, und rechts die fahlen, faltigen Hügel aus hartem Vulkanstaub. Das war der anatolische Trockenraum. Er war damals, in jenem ausnehmend heißen September, ganz tot und bleich gewesen. Jetzt lag er im grünen Flor. Konya hätte ich beinahe nicht wiedererkannt. Der Regen hatte die Luft entstaubt und alle üblen Gerüche nach Gärung und Pferdeurin und nach faulendem Straßenunrat herausgewaschen. Es war eine milde, entspannende Kühle in ihr. Es wäre die richtige Luft gewesen, um eine Weile in Konya spazierenzugehen und die Versäumnisse von damals nachzuholen, denn vor zehn Jahren hatte uns diese Stadt mit ihrer Bruthitze, ihrem Lärm und ihrem Gestank vertrieben. Nur das Kloster der tanzenden Derwische hatten wir aufgesucht, das außerordentlich schöne Mewlanakloster, das heute nur noch ein Museum und eine Grabstätte ist. Es war für Gregor und mich eine große Erinnerung, und diese mußte unbedingt aufgefrischt werden, obwohl ich noch bei Licht an das Meer kommen wollte und es mir nicht leisten konnte, viel Zeit zu verlieren.

Ich durchschritt einen großen Garten mit Bäumen und Gräbern und trat durch die Silberne Pforte in die Türbe. Da standen, genau wie damals, die Sarko-

phage, mit reichbestickten Decken umhüllt. Über die Grabstätten und den ehemaligen Tanzraum, die Semahane, wölbten sich Kuppeln, schwer von Formen und Farben und leicht von den schwebenden Tonfolgen einer Musik. An diesem Ort und allein an ihm war alles seit zehn Jahren unverändert. Ich schaute dieselben Geräte und Inschriften an und hörte die gleiche ewige Melodie, eine Art Flötenmusik ohne Anfang und Ende, nicht anschwellend noch verebbend, nicht jagend noch feierlich breit, nur heiter, gelassen und freudig, damals wie jetzt. Wenn draußen beinahe zehn Jahre vergangen waren, wenn ein feuchtgrüner Juni einen staubigen Frühherbst ersetzte, so war hier im Mewlanakloster der gleiche Tag, die gleiche Stunde und der gleiche Moment, denn die Zeit, die das Maß jeder Änderung ist, hatte hier nichts verändert, somit existierte sie nicht. — Oder? Ich machte mir klar, daß mein Mann nicht bei mir war, und alles wurde zu einem Gedankenspiel. Ich gab mir Mühe, Gregor an seinem Aufenthaltsort wenigstens in Gedanken aufzuspüren, damit mein Irrtum nicht so ernüchternd wäre, und stellte mir vor, wie er lebte und was er tat. Er war als Montageingenieur an der Elfenbeinküste und würde dort noch viele Monate sein. Bestimmt hatte er nicht viel Muße, an mich zu denken. Es war ein lächerlicher, sinnloser Wunsch, ihn durch Illusionen an meine Seite zu holen, indem ich vergangene Zeiten heraufbeschwor und mir einredete, daß sie gar nicht vergangen waren.
Ich fuhr weiter. Zum zweitenmal lag der Taurus vor mir, doch diesmal führte die Straße, breit und gut angelegt, auf Höhenrücken hinauf, die lockeren Kiefernwald trugen. Das rotmarmorierte, robuste Gestein war überall dort, wo es schroff an die Straße herantrat, eher ein Schutzwall als eine Gefahr. Ich fuhr einen

sicheren Weg — so wie damals mit Gregor. Das Grauen, die unvernünftige Angst, die immer noch in mir sprungbereit waren, bestritt ich. Es gab keine bessere Straße über den Taurus als diese. Überdies war sie wirklich schön. Es gab Abendsonne aus aufgelockerten Wolken — ein warmes, gelbes, vertrauenerweckendes Licht — und hellauf blühende Oleandersträucher. Sie bedeckten die Hänge, sie füllten das Flußtal an, das tiefe und steile Göksu-Tal. In diesem Fluß war Kaiser Rotbart ertrunken. Ich hielt beim Gedenkstein kurz an und las die Inschrift. Bald würde ich in Silifke sein, und die dumme Angst vor dem aufgezwungenen Umweg würde sich als Auswirkung meiner Nervenanspannung erweisen. Ich wünschte, ich hätte es mit Gregor so schön gehabt, es hätte nur etwas Kleines geblüht, auch wenn es voll Staub war. Schon Disteln hätten genügt, doch die hatte es auch nicht gegeben.
Auf der Weiterfahrt war ich entspannt und beinahe schon sorglos. Ein paar flache, harmlose Kurven lagen vor mir, und dann wußte ich plötzlich, daß nun diese eine kam, die eng und gefährlich war und nach außen hing. Noch ehe sie da war und ich sie sah, straffte ich mich und stemmte mich an und machte mich instinktiv bereit, einen heftigen Anprall abzufedern. Ich wußte, jetzt kam es — ganz gleich, was es war. Das war der Moment, vor dem ich Angst gehabt hatte. Und dies war der Ort, den ich hatte meiden wollen, als ich starrsinnig über die Muren gefahren war.
Dann sah ich das gelbe Auto. Es hing im Gestrüpp und war aus der Kurve geschleudert worden — wie damals. Ich wollte wegschauen und vorüberfahren, wollte nicht wissen, was das für ein Auto war — als hätte ich es nicht schon seit Stunden gewußt. Ich hielt

und näherte mich dem verunglückten Fahrzeug, auf dessen eingedrücktem, zerknittertem Heck ich die Kennzeichentafel mit unserer Nummer sah. Dann kam Gregor schmutzig und blutverschmiert auf mich zu und flehte mich an, in Silifke Hilfe zu holen. Da drinnen im Auto sei seine Frau. Sie hätte sich eine Pulsader bei dem Unfall zerschnitten.

Ich stand ihm stumm gegenüber und sah einen Mann, der zehn Jahre jünger als Gregor und trotzdem Gregor war. Sein Blick wurde scharf und eindringlich, als er mich sah, doch sagte er nicht, was es war, das ihm an mir auffiel. Er war noch völlig benommen, von dem überstandenen Schock. Ich ging näher an unser Auto heran und hütete mich, einen Blick hineinzutun und zu sehen, wie entsetzlich bekannt die Gesichtszüge der verunglückten Frau mir waren. Da ich mein Gesicht halb abwandte, sah ich nur ihren Arm. Er ragte zum Fenster heraus und trug einen Druckverband, und aus dem Handgelenk quoll mit jedem Pulsschlag Blut. Ich sah den offenen Handteller, bläulichweiß, und darin ein Linienmuster, das ich kannte. Ich brauchte nur meine eigene Hand zu öffnen, um in ihr das vollkommen gleiche Muster zu finden.

»Ich bitte Sie«, sagte Gregor, »beeilen Sie sich. Sie müssen einen Arzt in Silifke finden. Ich kann meine Frau nicht ohne Betreuung lassen, und fortbringen kann ich sie auch nicht. Helfen Sie uns!« Ich nickte verstört und entsetzt und sagte kein Wort, damit er mich nicht an meiner Stimme erkannte.

Ich stieg in mein Auto und fuhr gegen Silifke, um Hilfe herbeizuholen, wenn es gelang. Schaudernd, ermattet, benommen fuhr ich dahin und war von Anfang an fast ohne Hoffnung. Sobald ich außer Sichtweite war, hielt ich an und kämpfte verzweifelt meine Übelkeit nieder. Ich mußte nur warten, bis ich meine

Fassung wiedergewann, dann würde ich auch meine Kräfte wiedergewinnen. Ich schloß die Augen und legte den Kopf zurück, doch statt zu Kräften zu kommen, ermattete ich noch mehr und immer noch mehr, bis auch mein Wille erlosch. Mein Auto stand in einer Straßenausbuchtung, wo eine Quelle aus einer Stützmauer rann und blühender Oleander mich umgab. Ich hörte das Wasser rinnen und war sehr froh, daß in meiner Einsamkeit etwas Lebendiges da war. Ein murmelnder, glitzernder Brunnenstrahl, ein Gesprächspartner, der keine Antwort von mir wollte. Ich war schon zu müde zum Reden und schlief ein.
Als ich wieder erwachte, war mir sehr kalt. Der Druckverband hatte meinen Arm ganz gefühllos gemacht. Etwas an mir war schon tot und tat nicht mehr weh. Ich hörte, daß Gregor zu mir sagte: »Jetzt wird sie bald Hilfe bringen. Fürchte dich nicht.« — Gern hätte ich ihm gesagt, daß ich ganz ohne Angst war und daß ich auch die seine nicht mehr verstand.
Eine Zeit, die lang oder kurz sein konnte, da ich sie nicht mehr völlig zur Kenntnis nahm, verging. Ich litt brennenden Durst und bat Gregor, mir Wasser vom Brunnen zu bringen. Er aber sagte, es sei kein Brunnen da. Vor der Windschutzscheibe sah ich zerfetztes Gestrüpp und keine blühenden Oleandersträucher. Und alles, was ich in den Dünungen meines Bewußtseins, das kam und verebbte, hörte, war Gregors Weinen. Mir war jetzt entsetzlich kalt. Gregor umschlang mich fest und konnte mir doch nichts von seiner Wärme geben. Ich fühlte mich immer noch matter und kälter werden. Gregor flüsterte: »Weißt du, was merkwürdig war? Die Frau, die dir Hilfe bringen wird, sieht aus wie du.« — Er konnte das alles noch merkwürdig finden — ich nicht. Für mich ist es klar, wer sie ist und schon bald nicht mehr sein

wird. Nie könnte Gregor begreifen, wie einfach das ist und daß es ein Grund für ihn wäre, nicht mehr zu weinen. Ich möchte ihm etwas zuliebe tun, zum Dank, daß er Angst um mich hat und mich wärmen möchte. Was kann ich noch tun? Ach, gar nichts. Nur wünschen kann ich ihm etwas. Ich wünsche ihm ein Leben, in dem er mich nicht vermißt.

Zu meinen Erzählungen

Meine ersten Veröffentlichungen waren Gedichte. Erst einige Jahre nachher wurden meine Erzählungen publiziert. Man könnte daher meinen, daß ich mich geradewegs von der Lyrik zur Prosa weiterentwickelt hätte. In Wahrheit war es ein viel verschlungenerer Weg. Der Antrieb, Lyrik zu schreiben, ergab sich für mich aus der Begegnung mit der Lyrik im Alter von etwa siebzehn Jahren. Die Zeitspanne vom ersten Gedicht bis zur ersten Rundfunksendung betrug nur rund vier Jahre.
Erzählt habe ich schon wesentlich früher. Bereits als Kind versammelte ich meine Freundinnen um mich, spann voll elementarer Fabulierlust meine Märchen und Geschichten und vergaß sie wieder. Es war mühelos wie das Atmen und ebenso selbstverständlich. Daß der Weg bis zur ersten brauchbaren Prosa so weit war, kann damit erklärt werden, daß ich in einer unmusischen, ja fast amusischen Umwelt lebte und niemand da war, der mich mit gutem Lesestoff versorgte oder mir zeigte, wo er zu finden war. Daher war es auch relativ schwierig für mich, das rein Handwerkliche am Erzählen zu lernen. Es gab große Unsicherheiten für mich zu überwinden. Auch mein Studium — Physik —, das ich aus Interesse gewählt habe, war nicht dazu angetan, mir Brücken zur Prosa als Kunstform zu bauen. Ich glaube aber, daß dafür auch mein Stil persönlicher geworden ist.

Ich erzähle gern und habe nicht vor, mich dafür zu rechtfertigen, möchte nur sagen, daß ich die heute betriebene Ausrottung des Erzählens durch Diffamierung als einen Prozeß der Verödung und Uniformierung empfinde, dem ich bewußt entgegenwirke.
Seit ich mich im Herbst 1961 das erstemal mit einem Erzählungsband, meinem ersten Buch, vorgestellt habe, sind zwölf Jahre vergangen. In der dazwischenliegenden Zeit habe ich, von einem Lyrikband abgesehen, nur Romane in Buchform herausgebracht. Was ich an Erzählungen schrieb, wurde zunächst im Rundfunk gesendet und in Zeitungen und Zeitschriften abgedruckt.
Der vorliegende Band ist keine Fortsetzung meines ersten Erzählungsbandes. Während in jenem Erzählungen enthalten sind, die alle in einem Zeitraum von etwa zwei Jahren entstanden waren, greift dieser neue Band sogar noch weiter zurück als der erste und umspannt daher einen viel größeren Zeitraum.
Der 1961 erschienene Band hieß »Morgen werden wir es wissen«. Die Erzählungen in ihm sind thematisch und stilistisch ziemlich einheitlich. Als ich sie schrieb, hatte ich viele Ideen und fast gar keine Zeit, da ich ganztägig im Beruf stand und außerdem Hausfrau und Mutter war. Meine Einfälle habe ich rasch und schwungvoll zu Papier gebracht. Einiges schrieb ich auch nur, um Geld zu verdienen, da ich mir einen Fundus schaffen wollte, um möglichst bald eine freie Schriftstellerin sein zu können. Leider ist dann alles ganz anders gekommen.
Inzwischen hat sich in meinem Leben viel geändert. Ich habe mehr Zeit und weniger Schwung als damals. Wenn ich im Alter von noch nicht dreißig Jahren eine Erzählung oft in wenigen Stunden schrieb, so entstehen heute höchstens zwei Seiten am Tag, denn ich

wäge sehr lange ab, bis jedes Wort an der Stelle sitzt, an der ich es haben möchte.

Daß ich heute weniger Erzählungen schreibe als früher, liegt zum Teil an dieser veränderten Arbeitsweise. Es ist mir immer schwergefallen, die Arbeit an einem Roman zu unterbrechen und mich mit einer Erzählung in eine ganz andere Welt zu begeben. Auch damals — lassen wir es bei diesem Wort — schrieb ich einen Roman, nämlich »Die Höhlen Noahs«. Die Arbeit an einem Roman zwingt mich jedesmal zu einer sehr starken inneren Beteiligung, zu einer allmählichen und immer stärker werdenden Identifikation mit den Menschen, die ich erfinde. Ist der Anfangswiderstand einmal überwunden, fließen mir die Ideen immer leichter zu, eine Szene entwickelt sich aus der anderen, bis das Schreiben zu einer Art zweitem Leben wird, aus dem ich mich nur ungern herausreißen lasse. Als ich »damals« meine eruptiven Erzählungen schrieb, waren die durch sie verursachten Unterbrechungen nur kurz, und ich konnte bald wieder in meine Romanwelt zurückkehren. Auch half mir ein größerer Schwung, den Anfangswiderstand leichter zu überwinden. Heute nimmt mich ein Stück Kurzprosa mindestens eine Woche in Anspruch. Dazu kommt, daß eine Erzählung ein in sich geschlossenes Gebilde, eine monolithische Idee ist. Der Anfangswiderstand ist jedesmal neu zu überwinden. Ein Feuer muß immer wieder neu angezündet werden, während mir mein Roman daneben sozusagen auskühlt. Daher schreibe ich auch meine Erzählungen meistens dann, wenn ein Roman beendet ist und ehe ich einen neuen beginne. Ich wohne in keiner lange genug, um in ihr so heimisch zu werden wie in einem Roman. Das Schreiben erfaßt mich nicht so tief, dafür ist auch die Selbstkontrolle größer.

Heute kann ich das, was mich mit meinen Erzählungen

verbindet, eine ruhige Liebe nennen. Ich werde ihnen nie untreu werden, soweit es an mir liegt. Hingegen habe ich das Gefühl, daß alles, was in mir zur Lyrik werden könnte, sich einen unterirdischen Abfluß zur Prosa gegraben hat.

Ein Schiff nach Salva Vita

Geschrieben 1962

Diese Erzählung entstand aus einem Erlebnis der Ausweglosigkeit. Nachdem mein erster Mann im Jahre 1959 tödlich verunglückt war, hatte ich 1962 wieder geheiratet. Im persönlichen Bereich hatte damit wieder eine sehr glückliche Zeit begonnen. Anderseits hatte ich als Schriftstellerin eine jahrelange Krisenzeit zu durchleben, die gerade damals einen Kulminationspunkt erreicht hatte. In meiner ersten Ehe war es aus materiellen Gründen notwendig gewesen, daß ich einem Broterwerb nachging. Ich hatte Physik studiert und war in der Stahlindustrie beschäftigt. Daneben hatte ich meinen Haushalt zu führen und einen kleinen Sohn zu betreuen. In der verbleibenden Zeit hatte ich meinen ersten Roman »Die Höhlen Noahs« und eine größere Anzahl von Erzählungen geschrieben.
Hatte ich dieses Pensum in meinen jüngeren Jahren noch ohne wesentliche Einbuße an Nervenkraft bewältigen können, so trat nun zum erstenmal eine Erschöpfung ein, die bis zur Erkrankung führte. Ich hatte im Herbst 1961 meinen zweiten Roman »Ein fremder Garten« zu schreiben begonnen. Um ihn weiterschreiben zu können, hätte ich eigentlich meinen Brotberuf aufgeben müssen, doch da mein Mann und ich dabei waren, uns in Wien eine neue Existenz auf-

zubauen, war dies nicht möglich. Mein Mann war ebenfalls in der Industrie beschäftigt, war damals noch schlecht bezahlt und studierte nebenberuflich Jus. Nachdem er seine zweite Staatsprüfung abgelegt hatte, war auch er am Rande seiner Kräfte. Ich glaubte in dieser Zeit, das Schreiben aufgeben zu müssen.
In dieser Erzählung könnte man eine Parallelsituation zu meinem Erstlingsroman sehen. Hier wie dort sind wenige Menschen nach einer Katastrophe sich selbst überlassen und müssen zu einer für sie geeigneten Lebensform finden. Der Roman, der in den fünfziger Jahren geschrieben und einige Male umgeschrieben wurde, entstand aus der Atomangst der damaligen Zeit und enthält eine Problemstellung, nämlich, ob es verantwortet werden kann, das Leben in einer absterbenden Umwelt fortzusetzen. Übrigens stehen wir diesem Problem heute als einer realen Gefahr gegenüber — auch ohne Atomkrieg.
In der Erzählung gibt es keine Problemstellung. Es wird einfach dargestellt, wie zwei Menschen, denen der Weg abgeschnitten ist, zuerst kämpfen, dann hoffen, dann resignieren.

Aller Reichtum der Erde

Geschrieben 1955

Hier stehen wir, verglichen mit der vorherigen Erzählung, »Ein Schiff nach Salva Vita«, vor einer umgekehrten Grundsituation. Nicht die Natur überwuchert den menschlichen Lebensraum, sondern dieser überwuchert die Natur. Der Antrieb zu dieser Erzählung war nicht groß — nur das Erlebnis eines Wiesenspaziergangs im Juni. Wegen ihres ursprünglich viel größeren Umfangs wurde diese Arbeit nur einmal publiziert. Aber auch wenn sie von handlicherem Format gewesen wäre, hätte sie es vermutlich schwer gehabt. Sie wurde in einer Zeit geschrieben, in der Autoren dazu neigten, ihre Arbeiten sorgfältig von jedem Molekül Chlorophyll zu säubern, um nicht Vergleiche mit »Blut und Boden« herauszufordern. Man übersah dabei, daß die Unwahrhaftigkeit von »Blut und Boden« nicht in der Naturschilderung an sich lag, sondern in einer unwahren Darstellung der Beziehung des bäuerlichen Menschen zur Natur. Wer diesen Menschenschlag kennt (und ich kenne ihn, da ich eine große bäuerliche Verwandtschaft habe), der weiß, daß die Natur für ihn keinen Erlebniswert hat. Sie ist ihm zu nahe und zu selbstverständlich. Den Bauern, der (bewußt) in tiefen Zügen den Geruch seiner aufgebrochenen Scholle atmet, gibt es also nicht. Er ist eine jener Klischeefiguren, die jede Art von Naturverbundenheit als Thema der Literatur auf Jahrzehnte hinaus suspekt gemacht haben. Heute, da es schon sichtbar wird, wie sehr die Menschen an einer anorganischen Umwelt leiden, wird man Schilderungen der Beeinträchtigung des Lebens durch geistigen und körperlichen Entzug der Natur nicht mehr als rückschrittlich abtun können. Vor allem darum stelle ich diese Arbeit trotz ihrer jugendlichen Tapsigkeit in diesen Band.

Am Ende der Welt

Geschrieben 1952 oder 1953

Dies ist eine meiner ältesten Erzählungen. Ich weiß nicht mehr, warum ich sie geschrieben habe. Und ich muß auch bekennen, daß sie für mich nie richtig gelebt hat. Vielleicht ist gerade dies die Erklärung dafür, daß ich sie unverwest fand, als ich sie wieder ausgrub. Sie soll ihren Platz als fremde Gesteinsformation — als Findling — in meiner persönlichen Landschaft behalten.

Der zerschmetterte Spiegel

Geschrieben 1958

1957 hatte ich für das Manuskript meines Romans »Die Höhlen Noahs« den staatlichen Förderungspreis erhalten. Ich hatte Erfolg gehabt und war voll Schaffensdrang. Dies ist eine meiner »eruptiven« Geschichten, die damals entstanden — auf gleiche Weise wie die Erzählungen in meinem ersten, 1961 erschienenen Erzählungsband »Morgen werden wir es wissen«, nämlich spontan, mit viel Feuer und Begeisterung, doch unter einem fast unerträglichen Zeitdruck. Die Folge davon war, daß es viel Schlacke mitriß, daß man aber den fertigen Gebilden im günstigen Fall ihre feuerflüssige Herkunft anmerken konnte und der Leser die tektonischen Beben, ohne die es dabei nicht abging, mitfühlte. Wenn ich Pech hatte, mißrieten mir diese Geschichten völlig. Ich liebte diese »Kinder der Leidenschaft« sehr und brauchte Jahre, bis ich auch ihre Fehler sah.

»Der zerschmetterte Spiegel« entstand in einer Ära besonders starker vulkanischer Tätigkeit und hieß damals »Der Schlag gegen den Spiegel«. Ich hielt diese Story für eines meiner gelungensten Werke. Sie wurde einige Male publiziert, fand aber insgesamt viel weniger Echo als andere Erzählungen, die ich für weniger gut hielt. Auch in meinen ersten Erzählungsband,

»Morgen werden wir es wissen«, nahm man diese Arbeit nicht hinein. Ich war darüber ein wenig betrübt, doch nahm ich das Werturteil an.

Als es nun um die Frage ging, ob die Erzählung in den vorliegenden Band aufgenommen werden sollte, las ich sie noch einmal kritisch, und da gefiel sie mir noch, da ich hinter ihrer spektakulären Fassade die innere Richtigkeit sah. Ich glaube nämlich, daß sich die Angst vor der Bloßstellung nur graduell von der Todesangst unterscheidet, da sie eine Angst vor einer oft bis nahe an den Nullpunkt gehenden Dezimierung der Person ist. Jede nahe Bedrohung ist perspektivisch vergrößert und kann zuweilen größer als die weiter in der Zukunft liegende Todesdrohung erscheinen. Diese perspektivische Verzerrung erklärt für mich den Selbstmord.

Meine Töchter Liane

Geschrieben 1972

Das ist eine Arbeit, die eigens für diesen Band geschrieben wurde und in ihm zum erstenmal veröffentlicht ist. Thematisch sollte sie ein verschiedenfarbenes Spektrum ergänzen. Es fehlten noch die im Spektrum des natürlichen Sonnenlichts auftretenden, durch Absorption entstehenden Schwärzungen. Ich beschloß daher, mich absorbieren — aufzehren, aufessen — zu lassen.

Trotzdem: Das Unterfangen ist kein Spaß. Ich habe die sehr eindringliche Erfahrung machen müssen, daß es Beziehungen zwischen Menschen gibt, an denen bei aller Liebe und Freundschaft etwas Kannibalisches ist.

Eine Spielart von Phantasie

Geschrieben 1968

Dies ist eine der ersten Erzählungen, die ich geschrieben habe, nachdem ich im Sommer 1966 meine ganztägige Berufsarbeit in eine Konsulententätigkeit umwandeln konnte. Von da an hatte ich es beim Schreiben viel leichter. Ich beendete meinen Roman »Zuflucht hinter der Zeit«, der im Herbst 1967 erschien und von Elfriede Ott als Fortsetzungsroman im Österreichischen Rundfunk gelesen wurde. Bald danach begann ich die Arbeit an meinem Mädchenbuch »Montag früh ist nicht das Leben«, das 1970 herauskam, in demselben Jahr wie die Neuausgabe meines Romans »Ein fremder Garten«.

Im Herbst 1968 lag ich mit einer Phlegmone im Krankenhaus. Die Situation war kritisch und meine Stimmung dementsprechend pessimistisch. Da erhielt ich die Nachricht, daß ich den Förderungspreis der Stadt Wien erhalten habe — und damit eine sehr wirksame Injektion an guter Laune. In einer halb deprimierten, halb übermütigen Stimmung dachte ich mir diese Erzählung aus.

Morgen ist wieder ein Spiel

Geschrieben 1960

Die Erfahrung, in gewissen Situationen nicht handeln zu können, obwohl Wille und Einsicht es nahelegen, ist eine meiner Grunderfahrungen. Am häufigsten erfolgt diese Hemmung, wenn ich meine Selbstachtung für gefährdet halte. Ich glaube, daß jeder — in individuell verschiedener Häufigkeit und Intensität — diese Erfahrung macht. Am besten konnte ich sie in einer Liebesgeschichte darstellen.

Ein Brautkleid für Julia

Geschrieben 1961

Jene Phase meines Erzählens, in der meine »eruptiven« Geschichten entstanden — eine schöne, aber außerordentlich kräfteverzehrende Zeit —, wurde durch eine persönliche Katastrophe, den Tod meines ersten Mannes im Jahre 1959 abgeschnitten. Nach etlichen Monaten, in denen ich überhaupt nichts schrieb, entstanden plötzlich Arbeiten, in denen ich mich über alles mögliche lustig machte und die zum größten Teil wertlos und kurzlebig waren. Gegen Ende dieser Übergangszeit schrieb ich »Ein Brautkleid für Julia«. Für eine ernüchternde Story habe ich einen teils lyrisch überhöhten, teils schroff ins Banale abstürzenden Stil gewählt, durch den die Situation des Liebespaares ironisiert werden sollte. In dieser Form wurde die Arbeit mehrere Male publiziert. Nun, nach mehr als zehn Jahren, da beschlossen wurde, sie in diesen Sammelband aufzunehmen, überlas ich sie noch einmal und stellte fest, daß für einen distanzierten Leser (der ich ja nun war) die starken Kontraste nicht so wirkten, wie sie sollten. Mir erschien das Gefüge der Story jedenfalls durch seine Inhomogenität brüchig. Durch vorsichtiges Nivellieren der inneren Gegensätze habe ich der Arbeit eine sprachliche Gestaltung gegeben, die sie, zumindest für mein Gefühl, vermenschlicht und stärker in sich gebunden hat.

Das Nesselhemd

Geschrieben 1961

Auf die Umbruchszeit in meinem Leben, in der es sozusagen die Gesteinsschichten durcheinanderwarf, folgte eine Zeit der Stille und Resignation. Damals entstand diese Erzählung. Ich stand in einem neuen Bezugssystem und mußte mit einer inneren Unsicherheit fertig werden. Als ich mir diese Arbeit nun wieder vornahm, erkannte ich eine blaugraue Stille und Traurigkeit als ihren Grundton. Ihn habe ich bei der Überarbeitung reiner darzustellen versucht.

Die Geschenke des Herrn

Geschrieben 1962

Ebenso wie die Erzählung »Ein Schiff nach Salva Vita« entstand diese Arbeit in jener Krisenzeit, in der das Weiterschreiben für mich in Frage gestellt war. Diese Erzählung wurde nie gedruckt, denn das erste Urteil, das ich darüber hörte, war, sie sei nicht verständlich. Entmutigt, wie ich damals ohnehin war, legte ich sie zuunterst in eine Lade, obwohl ich sie mit sehr viel innerer Beteiligung geschrieben hatte. Nachdem im Sommer 1972 das Material für diesen Erzählungsband bereits gesichtet, korrigiert und zusammengestellt war, stieß ich beim Schreibtischaufräumen auf ein Manuskript. Es war die einzige Niederschrift dieser Parabel, von deren Existenz ich überhaupt nichts mehr gewußt hatte. Ich las sie, und sofort war eine zehn Jahre lang unterbrochene Bindung wiederhergestellt. Ich bejahte das Gleichnis von der Unaustauschbarkeit menschlichen Schicksals so vollkommen wie damals, als ich es schrieb.

Seltsamerweise habe ich mich mit beiden vom »Herrn« beschenkten Menschen identifiziert, sowohl mit dem einen, dem in der folgenden Zeit alle Gaben wieder entrissen wurden, als auch mit dem zweiten, der sich weigerte, etwas für ihn Unvollkommenes anzunehmen.

Auch ich habe damals ein Leben geführt, das anderen vielleicht erstrebenswert erschien, hatte ein Studium erfolgreich beendet, war sicher angestellt und relativ gut bezahlt, ich führte eine sehr glückliche Ehe — aber der Stoff, aus dem dieses Leben bestand, war nicht blau, hatte nicht die Farbe des Traumes, der Kontemplation, sondern das Rot der Aktivität, der Betriebsamkeit.

Bei der nächsten Gelegenheit, die sich mir bot — im Sommer 1966 —, habe ich das Geschenk zurückgegeben, das heißt, ich gab meine sichere Anstellung auf. Ich tat es in völliger Übereinstimmung mit meinem Mann. Beide wußten wir, daß zu diesem Zeitpunkt unsere materielle Unsicherheit noch nicht völlig behoben war. Aber ich spürte, daß es gesundheitlich wieder bergab ging, und diesmal wesentlich steiler als vorher. Eine Entscheidung mußte getroffen werden, und die, die wir trafen, war noch immer ein Risiko. Damit soll gesagt sein, daß zwar keine Bedrohung, aber doch die Möglichkeit einer starken Beeinträchtigung unserer Existenz von uns bewußt in Kauf genommen wurde.

Ein paar Wochen des Wartens und der Ungewißheit vergingen. Dann öffnete sich das Tor in der Mauer des Palastes — und der blaue Samtmantel, den ich unbedingt wollte, war mir bewilligt.

Die Suche nach dem Horizont

Geschrieben 1963

1961 erschienen meine beiden ersten Bücher, der Erzählungsband »Morgen werden wir es wissen« und der Roman »Die Höhlen Noahs«. 1962 zog ich von Kapfenberg, einer kleinen steirischen Industriestadt, nach Wien. 1963 rief mich Frau Ilse Leitenberger, Feuilletonredakteurin der Tageszeitung »Die Presse«, in der viele Jahre hindurch meine Erzählungen erschienen waren, an und bat mich um Mitarbeit an einem Vorhaben ihrer Zeitung. Als eine von vier österreichischen Autoren, die gerade mit Romanen bzw. Erstlingsromanen hervorgetreten waren, sollte ich eine Erzählung zu einer mir vorgelegten Photographie schreiben. Dieses Photo stellte zwei Hunde, einen alten und einen jungen dar, die sich nebst einigen Regenschirmen in einer Kiste befanden. Das Ergebnis dieses »Erzählens nach einer Vorlage« ist diese Geschichte. Sie ist zugleich eine Erinnerung an die Hündin »Lydie«, die Spiel- und Wandergefährtin meiner Kinderferientage.

Disteln im Beet

Geschrieben 1963

Das »Ich« in dieser Erzählung hat nichts mit dem Kind, das ich einmal war, zu tun. Doch Fritzi (sie hieß eigentlich Friedel) hat es wirklich gegeben, nur war sie nicht die Tochter eines Fuhrmanns. Ich durfte nicht mit ihr spielen und spielte trotzdem heimlich mit ihr. Als sie mir offiziell ihre Freundschaft anbot, brachte sie mich in große Verlegenheit. Ich habe sie aus den

Augen verloren und weiß nicht, was aus ihr geworden ist. In dieser Geschichte ist sie so geschildert, wie ich sie in Erinnerung habe. Möglicherweise ist auch sie ganz anders gewesen.

Der Schatz im Kachelofen

Geschrieben 1964

Im Frühjahr 1964 war mein Roman »Ein fremder Garten« fertig, nachdem es mir doch noch gelungen war, eine Energiequelle in mir zu erschließen. Das mit dem Schreiben verbundene Glückserlebnis hatte mich vorübergehend gesund gemacht. Nachher aber fühlte ich mich wieder einmal am Ende.
In einem Zustand körperlicher und geistiger Erschöpfung habe ich etwa ein Jahr lang nur wenig geschrieben. Eine der Arbeiten, die damals zustande kamen, ist diese Erzählung, die ursprünglich »Der Kachelofen« hieß. Ich war völlig gefühllos, als sie entstand, schrieb sie sozusagen nur mit dem Kopf. Die Idee dazu kam mir durch die Schilderung, die ein Bekannter von einem unter Wasser gesetzten Dorf gab, das in einem trockenen Sommer wieder sichtbar geworden war.
Ich habe mich mit dieser Geschichte nie sehr verbunden gefühlt und wunderte mich, als sie im Rundfunk zweimal gesendet wurde, mit der Begründung, sie habe »so gut gefallen«. Heute glaube ich, daß sie gerade durch die reine Höflichkeitsbeziehung, die ich zu ihr unterhalte, eine Kühle ausstrahlt, die dem Thema angemessen ist.
Der Anstoß, sie zu schreiben, war der Peter-Rosegger-Förderungspreis, der damals für Erzählungen ausgeschrieben war. Er wurde auf fünf Autoren auf-

geteilt, zu denen ich gehörte. Den Peter-Rosegger-Literaturpreis erhielt ich für das Jahr 1966 rückwirkend im Jahre 1967. 1963 hatte ich einen Peter-Rosegger-Förderungspreis, damals ohne Ausschreibung, gemeinsam mit Ernst Hammer erhalten.

Auf Widerruf

Geschrieben 1964, richtiggestellt 1972

Der Titel dieser Erzählung ist auf doppelte Weise gerechtfertigt. Die Arbeit entstand, wie die Erzählung »Der Kachelofen«, gegen Ende des Jahres 1964 und aus den gleichen Gründen wie diese. Auch sie schrieb ich widerwillig und habe sie nie anders als lustlos gelesen. Da sie jedoch Anerkennung durch den Peter-Rosegger-Förderungspreis fand, schob ich meine Gleichgültigkeit auf die nervöse Erschöpfung, mit der ich bei der Niederschrift zu kämpfen hatte. Ich glaubte, daß ich beim Lesen immer wieder so stark an meine damalige Leere und Erlebnisschwäche erinnert werde, daß diese nachwirkend jene Lustlosigkeit in mir erzeugte.
Es war eine bequeme Erklärung, bei der ich es lange beließ.
Nun sollte diese Arbeit in den vorliegenden Erzählungsband kommen. Jetzt sah ich auf einmal, wo die schwache Stelle der Arbeit — eine ausgesprochene Bruchstelle — war, nämlich dort, wo prompt zwei Rosen vom Himmel fallen, die dann von einem Kind zurückverlangt werden. Ich habe nun an und für sich nichts dagegen, den als Vorsehung erscheinenden Zufall in einer Erzählung oder einem Roman mitwirken zu lassen. Verblüffende Zufälle kommen auch im Le-

ben vor. Warum sollen sie nicht — in einer entsprechenden statistischen Häufigkeit — auch in die erzählende Literatur hineingenommen werden? Gefährlich ist es allerdings, die Idee zu einer ganzen Geschichte an so einem verblüffenden Zufall aufzuhängen.
Mein Ehrgeiz war immerhin geweckt, und ich wollte aus der Arbeit etwas in sich Stimmendes machen. Da gab es einen Satz im letzten Absatz: »Ich weiß nicht mehr, ob es ein Knabe oder ein Mädchen war, wie alt es war, welche Haare und Augen es hatte.« An ihn hängte ich den folgenden Passus an: ». . . denn die Sonne stand hinter ihm und blendete mich und täuschte rings um das Kind einen Strahlenkranz vor.« Damit gab ich dem verblüffenden Zufall die Chance, ein Wunder zu sein — oder auch nicht, denn hinter dem Kind stand die Sonne. So hatte ich an der brüchigen Stelle zunächst einen doppelten Boden eingezogen und legte mich zufrieden aufs Ohr. Einige Wochen ließ ich die Geschichte noch »abliegen«, dann machte ich mich an die Reinschrift. Ich kam ohne nennenswerten inneren Widerstand bis zu der Stelle, an der die junge Frau sagt: »Natürlich könnte ich das. Ich habe dir doch gerade erklärt, warum.« Nun sollte es folgendermaßen weitergehen: »In diesem Augenblick oder ein wenig später, ich weiß es nicht mehr genau, weil ich so erschrak, fielen zwei weiße Rosen neben mir nieder.« — Doch als ich mich dies zu schreiben anschickte, kam es in mir zu einem Streik. Meine Gedanken scheuten, ich hörte zu tippen auf. Es war mir unmöglich, weiterzuschreiben. So schaltete ich hinter die zuletzt geschriebene Zeile kurzerhand einen Durchschuß ein, schrieb die Geschichte mit »eingebautem Vorbehalt« zu Ende und schloß an sie nun *meinen* Widerruf an. Dies alles zusammen war keine durchdachte, sondern eine äußerst spontane Reaktion.

Zum Nachdenken kam ich erst hinterher. Es brachte mich zu folgendem Ergebnis: Ich hatte dem »Rosenschneien« die Chance gegeben, mehr als ein bloßer Zufall zu sein. Das Wunder war also als Möglichkeit eingebaut. Damit war aber plötzlich alles von Grund auf falsch. Der ganze, von Anfang an anämische Schluß war zu verwerfen.
Was wirklich geschah, steht in meinem Widerruf — soweit in Geschichten etwas wirklich geschieht. — Ich glaube nämlich an Wunder, doch sicher wird keines vollbracht, um den Zweiflern und Zauderern ein unverbindliches Angebot zu machen.

Das seltene Leiden der Anna Sturm

Geschrieben 1967

Ich hatte mir die Aufgabe gestellt, das literarische Porträt eines Menschen zu zeichnen. Die vorliegende Arbeit ist das Ergebnis. Ich kenne so eine »Anna Sturm«, deren Wesen aber in Wirklichkeit so komplex wie das Wesen aller Menschen ist und daher nicht mit allen Merkmalen nachgezeichnet werden konnte. Ich glaube, daß jedes literarische Porträt nur die Reindarstellung bestimmter verdichteter Wesenszüge sein kann. Die lückenlose Schilderung eines Menschen halte ich für ebenso unmöglich wie die exakte Wiedergabe von Traumerlebnissen.

Ein anderer Morgen

Geschrieben 1972

Ich erinnerte mich an ein Erwachen als Kind. Ich war vielleicht vier Jahre alt und habe damals zum erstenmal bewußt das Gefühl einer vollkommenen Geborgenheit erlebt. Um diese Erinnerung kristallisierte sich diese Geschichte. Im Geist habe ich sie den beiden Menschen geschenkt, denen ich den Paradieseszustand meiner frühesten Kindheit verdanke. Sie leben schon lange nicht mehr.

Die verweigerte Nachsicht

Geschrieben 1972

Diese Erzählung ist der Niederschlag einer Reise durch England und Schottland, die ich im Jahre 1971 mit meinem Mann und meinem Sohn unternahm. Wir liebten diese Reise sehr, und es war mein Wunsch, sie in einer Art wiederaufleben zu lassen, die die ganze Eigenart und Herbheit der schottischen Landschaft durch die Darstellung einer ihr entsprechenden menschlichen Landschaft hervorhob. Es sollte eine Erzählung ohne Dialoge werden. Die Handlung sollte nur ein Mitfließen von Ort zu Ort und kein Vorantreiben sein. Was dabei entstand, ist diese Liebesgeschichte.

Der blaue Dragoman

Geschrieben 1972

Der Verlag wünschte sich als Ergänzung zu diesem Band eine exotische Liebesgeschichte. In einer Art sportlicher Neugier (»will sehen, wie weit ich mir etwas vorschreiben lassen kann«) habe ich mich an die Arbeit gemacht. Ich denke, ich war gehorsam, wenn auch nicht bedingungslos.

Meine exotische Liebesgeschichte wurde blau — so blau wie die Blume der Romantik, die ein »imagebewußter« zeitgenössischer Autor nicht pflücken darf, sondern ausrupfen muß. Ich habe leider kein Imagebewußtsein und schrieb diese Erzählung doch. Sie ist aus vielen wahren Elementen zusammengesetzt: einer Ägyptenreise auf einem Frachtschiff im Jahre 1961, der Szene auf dem Druschplatz, der Fahrt in das Töpferdorf, dem Kaffeepalaver auf dem Gutshof, dem weißgekleideten Alten, der mir meinen Durst ansah und Abhilfe schaffte, die Szene in der Fellachenhütte, die Fahrt nach Assuan, zur Insel Sehêl, dem Sandsturm am nächsten Tag und der Heimfahrt im Sturm, dem betenden Moslem mit dem inneren Kompaß. Nur den Alptraum in der Nacht vor dem Sandsturm habe ich dem Erlebnisrepertoire meiner Reisebegleiterin, meiner Freundin »Micherl«, entlehnt.

Den blauen Dragoman, unseren Märchenerzähler, gab es übrigens auch — nur ist er ein sehr alter Mann gewesen.

Umkehr in Çiftehan

Geschrieben 1972

Diese Erzählung wurde nach dem Erscheinen meines Romans »Vorhof der Wirklichkeit« im Herbst 1972 geschrieben und stellt thematisch eine Art Nachlese und eine Variation des Romanthemas dar. Während nämlich der Roman trotz seines im Grunde irrealen Themas im hellen Tageslicht spielt, wollte ich nun eine verschattete Geschichte schreiben, die dem Leser mehrere Deutungsmöglichkeiten offenläßt.

Die Grundelemente, vor allem die Erlebnisse auf der Straße nach Çiftehan und dort selbst, die Fahrt auf der vermurten Straße, die Notwendigkeit, umzukehren, und der Aufenthalt in Konya gehen auf Zwischenfälle zurück, die mir und meiner Familie auf einer Türkeireise in diesem Juni zu schaffen machten. Eine kleine anekdotische Bemerkung möchte ich noch hinzufügen: In Çiftehan dachten sowohl mein Mann als auch ich an meine Erzählung »Ein Schiff nach Salva Vita«. Darüber sprachen wir aber erst, als wir auf der sicheren Straße nach Konya waren. Wir hatten einander keine Angst machen wollen.